Texte **Medien**

Ödön von Horváth

Geschichten aus dem Wiener Wald

Volksstück in drei Teilen

Erarbeitet von Wilhelm Große

Schroedel

Texte.Medien

Herausgegeben von Peter Bekes und Volker Frederking

Druck A 1 / Jahr 2009
Alle Drucke der Serie A sind im Unterricht parallel verwendbar.

Redaktion: Frank Sauer
Herstellung: Ira Petersohn, Ellerbek
Reihentypografie: Iris Farnschläder, Hamburg
Satz und Repro: UMP Utesch Media Processing GmbH, Hamburg
Druck: CPI – Clausen & Bosse, Leck
Titelbild: © Schell / MFG Film GmbH, München

Das Texte.Medien-Programm zu »Geschichten aus dem Wiener Wald«:
978-3-507-47057-6 Textausgabe mit Materialien
978-3-507-47157-3 Arbeitsheft
978-3-507-47257-0 Informationen für Lehrerinnen und Lehrer

Informationen und Materialien im Internet:
www.schroedel.de/textemedien

ISBN 978-3-507-47057-6

Inhalt

Kitsch, Satire, Parodie

Wirkung und mediale Gestaltung

Rezensionen zu Inszenierungen

Verfilmung

Ödön von Horváth

Geschichten aus dem Wiener Wald
Volksstück in drei Teilen

Nichts gibt so sehr das Gefühl der Unendlichkeit
als wie die Dummheit

Wiener Wald
→ Seite 212
Volksstück
→ Seite 212
Nichts gibt so sehr …
→ Seite 212
Dummheit
→ Seite 212

Personen

Alfred
Die Mutter
Die Großmutter
Der Hierlinger Ferdinand
Valerie
Oskar
Ida
Havlitschek
Rittmeister
Eine gnädige Frau
Marianne
Zauberkönig
Zwei Tanten
Erich
Emma
Helene
Der Dienstbot
Baronin
Beichtvater
Der Mister
Der Conferencier.

Das Stück spielt in unseren Tagen, und zwar in Wien, im Wiener Wald und draußen in der Wachau.

Rittmeister → Seite 212

Zauberkönig → Seite 213

Beichtvater Priester, der die Beichte anhört

Conferencier Sprecher, Ansager, Unterhaltungskünstler

in unseren Tagen Ende der 1920er/Anfang der 1930er Jahre

Wachau → Seite 213

Erster Teil

I
Draußen in der Wachau

Vor einem Häuschen am Fuße einer Burgruine. Alfred sitzt im Freien und verzehrt mit gesegnetem Appetit Brot, Butter und sauere Milch – seine Mutter bringt ihm gerade ein schärferes Messer.
In der Luft ist ein Klingen und Singen – als verklänge irgendwo immer wieder der Walzer »Geschichten aus dem Wiener Wald« von Johann Strauß.
Und in der Nähe fließt die schöne blaue Donau.

sauere Milch **Dickmilch**

Klingen und Singen → Seite 213
Johann Strauß → Seite 213
schöne blaue Donau → Seite 213

Die Mutter *sieht Alfred zu – plötzlich ergreift sie seine Hand, in der er das Messer hält, und schaut ihm tief in die Augen.*
Alfred *stockt und starrt sie mit vollem Munde misstrauisch an.*
Stille.

Stille → Seite 213

Die Mutter *streicht ihm langsam über das Haar:* Das ist schön von dir, mein lieber Alfred – dass du nämlich deine liebe Mutter nicht total vergessen hast, lieber Alfred –
Alfred Aber wieso denn total vergessen? Ich war ja schon längst immer wieder herausgekommen, wenn ich nur dazu gekommen wär – aber heutzutag kommt doch schon keiner mehr dazu, vor lauter Krise und Wirbel! Wenn mich jetzt mein Freund, der Hierlinger Ferdinand, nicht mitgenommen hätt mit seinem Kabriolett, wer weiß, wann wir uns wiedergesehen hätten!

Krise und Wirbel → Seite 213
Hierlinger Ferdinand → Seite 213

Die Mutter Das ist sehr aufmerksam von deinem Freund, dem Herrn von Hierlinger.

Herrn von Hierlinger → Seite 213

Alfred Er ist überhaupt ein reizender Mensch. In einer guten halben Stund holt er mich wieder ab.

Die Mutter Schon?

Alfred Leider!

Die Mutter Dann iss bitte nicht die ganze sauere Milch zusammen, ich hab sonst nichts da zum Antragen –

Antragen Servieren

Alfred Der Hierlinger Ferdinand darf ja gar keine sauere Milch essen, weil er eine chronische Nikotinvergiftung hat. Er ist ein hochanständiger Kaufmann. Ich hab öfters mit ihm zu tun.

Die Mutter Geschäftlich?

Alfred Auch das.

Stille.

Die Mutter Bist du noch bei der Bank?

Alfred Nein.

Die Mutter Sondern?

Stille.

Alfred Ich taug nicht zum Beamten, das bietet nämlich keine Entfaltungsmöglichkeiten. Die Arbeit im alten Sinne rentiert sich nicht mehr. Wer heutzutag vorwärtskommen will, muss mit der Arbeit der anderen arbeiten. Ich hab mich selbständig gemacht. Finanzierungsgeschäfte und so – *Er verschluckt sich und hustet stark.*

Die Mutter *klopft ihm auf den Rücken:* Schmeckts?

Alfred Jetzt war ich aber fast erstickt.

Die Mutter Ich freu mich nur, dass es dir schmeckt.

Stille.

Alfred Apropos ersticken: Wo steckt denn die liebe Großmutter?

Die Mutter Mir scheint, sie sitzt in der Küch und betet.

Alfred Betet?

Die Mutter Sie leidet halt an Angst.

Alfred Angst?

Stille.

Die Mutter Vergiss ihr nur ja nicht zu gratulieren – nächsten Monat wird sie achtzig, und wenn du ihr nicht gratulierst, dann haben wir hier wieder die Höll auf Erden. Du bist doch ihr Liebling.

Alfred Ich werds mir notieren. *Er notiert es sich.* Großmutter gratulieren. Achtzig. *Er erhebt sich, da er nun satt ist.* Das ist ein biblisches Alter. *Er sieht auf seine Armbanduhr.* Ich glaub, es wird Zeit. Der Hierlinger muss jeden Moment erscheinen. Es ist auch noch eine Dame dabei.

biblisches Alter sehr hohes Alter

Die Mutter Was ist das für eine Dame?

Alfred Eine ältere Dame.

Stille.

Die Mutter Wie alt?

Alfred So mittel.

Die Mutter Hat sie Geld?

Alfred Ich hab nichts mit ihr zu tun.

Stille.

Die Mutter Eine reiche Partie ist nicht das letzte. Du hast halt die Richtige noch nicht gefunden.

reiche Partie einen vermögenden Ehepartner heiraten

Alfred Möglich! Manchmal möcht ich ja schon so Kinder um mich herum haben, aber dann denk ich mir immer wieder: nein, es soll halt nicht sein –

Die Großmutter *tritt mit ihrer Schale sauerer Milch aus dem Häuschen:* Frieda! Frieda!

Die Mutter Na, wo brennts denn?

Die Großmutter Wer hat mir denn da was von meiner saueren Milch gestohlen?

Die Mutter Ich. Weil der liebe Alfred noch so einen starken Gusto gehabt hat.

Gusto Appetit

Stille.

Die Großmutter Hat er gehabt? Hat er gehabt? – Und da werd ich gar nicht gefragt? Als ob ich schon gar nicht mehr da wär – *Zur Mutter.* Tät dir so passen!

Alfred Bäääh! *Er streckt ihr die Zunge heraus.*

Stille.

Die Großmutter Bäääh! *Sie streckt ihm die Zunge heraus.*

Stille.

Die Großmutter *kreischt:* Jetzt möcht ich überhaupt keine Milch mehr haben! Da! *Sie schüttet die Schale aus.*

hergerichteten Fünfzigerin … → Seite 214

Der Hierlinger Ferdinand *kommt mit Valerie, einer hergerichteten Fünfzigerin im Autodress.*

Alfred Darf ich bekanntmachen: Das ist meine Mutter und das ist mein Freund Ferdinand Hierlinger – und Frau Valerie – und das dort ist meine liebe Großmutter –

Die Mutter Das ist sehr schön von Ihnen, Herr von Hierlinger, dass Sie mir den Alfred herausgebracht haben – ich danke Ihnen, danke –

Der Hierlinger Ferdinand Aber ich bitte, meine Herrschaften! Das ist doch alles nur selbstverständlich! Ich hätt Ihnen ja den Alfred schon öfters herausgebracht – der liebe Alfred hätte ja nur ein Wörterl verlauten dürfen.

Wörterl verlauten einen kleinen Hinweis geben

Die Mutter Nur ein Wörterl?

Der Hierlinger Ferdinand Wie gesagt – *Er stockt, da er merkt, dass er sich irgendwie verplappert hat.*

Peinliche Stille.

Valerie Aber schön haben Sies hier heraußen –

Die Mutter Wollen die Herrschaften vielleicht mal auf den Turm?

Der Hierlinger Ferdinand Auf was für einen Turm?

Die Mutter Auf unseren Turm da –

Der Hierlinger Ferdinand Ich bitte, gehört denn da diese hochromantische Ruine den Herrschaften?

Die Mutter Nein, die gehört dem Staat. Wir verwalten sie nur.

Wenn die Herrschaften wollen, führ ich die Herrschaften hinauf – nämlich dem Besteiger bietet sich droben eine prächtige Fernsicht und eine instruktive Rundsicht.

Der Hierlinger Ferdinand Aber gern, sehr gern! Zu charmant, gnädige Frau!

Die Mutter *lächelt verlegen:* Aber oh bitte! *Zu Valerie.* Die Dame kommen doch auch mit?

Valerie Danke, danke – es tut mir schrecklich leid, aber ich kann nicht so hoch hinauf, weil ich dann keine Luft krieg –

Die Mutter Also dann auf Wiedersehen! *Ab mit dem Hierlinger Ferdinand.*

Valerie *zu Alfred:* Dürft ich mal den Herrn um eine kleine Information bitten?

Alfred Was gibts denn?

Die Großmutter *setzt sich an das Tischchen und horcht, hört aber nichts.*

Valerie Du hast mich wieder mal betrogen.

Alfred Sonst noch was gefällig?

Valerie Der Hierlinger erzählt mir grad, dass beim letzten Rennen in Saint-Cloud nicht die Quote hundertachtundsechzig, sondern zweihundertzweiundzwanzig herausgelaufen worden ist –

Alfred Der Hierlinger lügt.

Valerie Und das Gedruckte da lügt auch? *Sie hält ihm eine Rennzeitung unter die Nase.*

Stille.

Valerie *triumphierend:* Na?

Alfred Nein, du bist halt keine richtige Frau. Du stoßt mich ja direkt von dir – mit derartigen Methoden –

Valerie Du wirst mir jetzt das geben, was mir gebührt. Siebenundzwanzig Schilling. S'il vous plaît!

Alfred *gibt ihr das Geld:* Voilà!

instruktiv **aufschlussreich**

Saint-Cloud **Pferderennbahn im westl. Vorortbereich von Paris**

Quote **Gewinnanteil**

S'il vous plaît **hier: Wenn's recht ist!**

Voilà **Da!**

Valerie Merci! *Sie zählt nach.*

Alfred Kleinliche Person.

Valerie Ich bin keine Person! Und von heut ab bitte ich es mir aus, dass du mir immer eine schriftliche Quittung –

Alfred *unterbricht sie:* Bild dir nur ja nichts ein, bitte!

Stille.

Valerie Alfred, du sollst mich doch nicht immer betrügen –

Alfred Und du sollst nicht immer so misstrauisch zu mir sein – das untergräbt doch nur unser Verhältnis. Du darfst es doch nicht übersehen, dass ein junger Mensch Licht- und Schattenseiten hat, das ist normal. Und ich kann dir nur flüstern: Eine rein menschliche Beziehung wird erst dann echt, wenn man was voneinander hat. Alles andere ist Larifari. Und in diesem Sinne bin ich auch dafür, dass wir jetzt unsere freundschaftlich-geschäftlichen Beziehungen nicht deshalb abbrechen, weil die anderen für uns etwa ungesund sind –

Valerie *unterbricht ihn:* Nein, pfui! Pfui –

Alfred Na siehst du! Jetzt hast du schon wieder einen anderen Kopf auf! Es war doch auch zu leichtsinnig von dir, um nicht zu sagen übermütig! Was mach ich denn aus deinem Ruhegehalt, Frau Kanzleiobersekretärswitwe? Dadurch, dass ich eine Rennplatzkapazität bin, wie? Durch meine glückliche Hand beziehen Frau Kanzleiobersekretärswitwe das Gehalt eines aktiven Ministerialdirigenten erster Klass! – Was ist denn schon wieder los?

Valerie Ich hab jetzt nur an das Grab gedacht.

Alfred An was für ein Grab?

Valerie An sein Grab. Immer, wenn ich das hör: Frau Kanzleiobersekretär – dann muss ich an sein Grab denken.

Stille.

Valerie Ich kümmer mich zu wenig um das Grab. Meiner Seel, ich glaub, es ist ganz verwildert –

Larifari dummes Geschwätz

Ministerialdirigent Leiter einer Abteilung in einem Ministerium

Alfred Valerie, wenn ich morgen in Maisons-Laffitte gewinn, dann lassen wir sein Grab mal gründlich herrichten. Halb und halb.

Valerie *küsst plötzlich seine Hand.*

Alfred Nein, nicht so –

Die Stimme des Hierlinger Ferdinand *vom Turm:* Alfred! Alfred! Es ist wunderschön heroben, und ich komm gleich runter!

Alfred *ruft hinauf:* Ich bin bereit! *Er fixiert Valerie.* Was? Du weinst?

Valerie *weinerlich:* Aber keine Idee – *Sie betrachtet sich in ihrem Taschenspiegel.* Gott, bin ich wieder derangiert – höchste Zeit, dass ich mich wieder mal rasier – *Sie schminkt sich mit dem Lippenstift und summt dazu den Trauermarsch von Chopin.*

Die Großmutter Alfred!

Alfred *nähert sich ihr.*

Die Großmutter Wann kommst du denn wieder? Bald?

Alfred Sicher.

Die Großmutter Ich hab so Abschiede nicht gern, weißt du. – Dass dir nur nichts passiert, ich hab oft so Angst –

Alfred Was soll mir denn schon passieren?

Stille.

Die Großmutter Wann gibst du mir denn das Geld zurück?

Alfred Sowie ich es hab.

Die Großmutter Ich brauch es nämlich.

Alfred Zu was brauchst du denn dein Geld?

Die Großmutter Nächsten Monat werd ich achtzig – und ich möcht um mein eigenes Geld begraben werden, ich möcht keine milden Gaben, du kennst mich ja –

Alfred Mach dir nur keine Sorgen, Großmama!

Maisons-Laffitte **Pferderennbahn im nordwestl. Vorortbereich von Paris**

derangiert **unordentlich, zersaust**

Trauermarsch von Chopin **→ Seite 214**

um mein eigenes Geld **mit meinem eigenen Geld**

II

Stille Straße im achten Bezirk

achter Bezirk → Seite 214

Fleischhauerei Metzgerei

Puppenklinik → Seite 214

Tabak-Trafik → Seite 214

Von links nach rechts: Oskars gediegene Fleischhauerei mit halben Rindern und Kälbern, Würsten, Schinken und Schweinsköpfen in der Auslage. Daneben eine Puppenklinik mit Firmenschild »Zum Zauberkönig« – mit Scherzartikeln, Totenköpfen, Puppen, Spielwaren, Raketen, Zinnsoldaten und einem Skelett im Fenster. Endlich: eine kleine Tabak-Trafik mit Zeitungen, Zeitschriften und Ansichtspostkarten vor der Tür. Über der Puppenklinik befindet sich ein Balkon mit Blumen, der zur Privatwohnung des Zauberkönigs gehört.

manikürt pflegt, säubert

ausgeleiert hier: verstimmt, abgenutzt

Oskar *mit weißer Schürze; er steht in der Tür seiner Fleischhauerei und manikürt sich mit seinem Taschenmesser; ab und zu lauscht er, denn im zweiten Stock spielt jemand auf einem ausgeleierten Klavier die »Geschichten aus dem Wiener Wald« von Johann Strauß.*

Ida *ein elfjähriges, herziges, mageres, kurzsichtiges Mäderl, verlässt mit ihrer Markttasche die Fleischhauerei und will nach rechts ab, hält aber vor der Puppenklinik und betrachtet die Auslage.*

Havlitschek *der Gehilfe Oskars, ein Riese mit blutigen Händen und ebensolcher Schürze, erscheint in der Tür der Fleischhauerei; er frisst eine kleine Wurst und ist wütend:* Dummes Luder, dummes –

Oskar Wer?

Havlitschek *deutet mit seinem langen Messer auf Ida:* Das dort! Sagt das dumme Luder nicht, dass meine Blutwurst nachgelassen hat – meiner Seel, am liebsten tät ich so was abstechen, und wenn des dann auch mit dem Messer in der Gurgel herumrennen müsst, wie die gestrige Sau, dann tät mich das nur freuen!

Oskar *lächelt:* Wirklich?

Ida *fühlt Oskars Blick, es wird ihr unheimlich; plötzlich rennt sie nach rechts ab.*

Havlitschek *lacht.*

Rittmeister *kommt von links; er ist bereits seit dem Zusammenbruch pensioniert und daher in Zivil; jetzt grüßt er Oskar.*

Zusammenbruch
→ Seite 214

Oskar und Havlitschek *verbeugen sich – und der Walzer ist aus.*

Rittmeister Also das muss ich schon sagen: die gestrige Blutwurst – Kompliment! First class!

Oskar Zart, nicht?

Rittmeister Ein Gedicht!

Oskar Hast du gehört, Havlitschek?

Rittmeister Ist er derjenige, welcher?

Havlitschek Melde gehorsamst ja, Herr Rittmeister!

Rittmeister Alle Achtung!

Havlitschek Herr Rittmeister sind halt ein Kenner. Ein Gourmand. Ein Weltmann.

Gourmand
→ Seite 214

Rittmeister *zu Oskar:* Ich bin seinerzeit viel in unserer alten Monarchie herumtransferiert worden, aber ich muss schon sagen: Niveau. Niveau!

herumtransferiert dienstlich versetzt

Oskar Ist alles nur Tradition, Herr Rittmeister!

Rittmeister Wenn Ihr armes Mutterl selig noch unter uns weilen würde, die hätt eine Freude an ihrem Sohn.

Oskar *lächelt geschmeichelt:* Es hat halt nicht sollen sein, Herr Rittmeister.

Rittmeister Wir müssen alle mal fort.

Oskar Heut vor einem Jahr ist sie fort.

Rittmeister Wer?

Oskar Meine Mama, Herr Rittmeister. Nach dem Essen um halb drei – da hatte sie unser Herrgott erlöst.
Stille.

Rittmeister Ist denn das schon ein Jahr her?

Stille.

Oskar Entschuldigens mich bitte, Herr Rittmeister, aber ich muss mich jetzt noch in Gala werfen – für die Totenmess. *Ab.*

Rittmeister *reagiert nicht; ist anderswo.*

Stille.

Rittmeister Wieder ein Jahr – bis zwanzig gehts im Schritt, bis vierzig im Trab, und nach vierzig im Galopp –

Stille.

Havlitschek *frisst nun wieder:* Das ist ein schönes Erdbegräbnis gewesen von der alten gnädigen Frau –

Rittmeister Ja, es war sehr gelungen – *Er lässt ihn stehen und nähert sich der Tabak-Trafik, hält einen Augenblick vor dem Skelett in der Puppenklinik; jetzt spielt wieder jemand im zweiten Stock, und zwar den Walzer »Über den Wellen«.*

Über den Wellen Walzer von Juventino Rosas (1868–1894)

Havlitschek *sieht dem Rittmeister nach, spuckt die Wursthaut aus und zieht sich zurück in die Fleischhauerei.*

Valerie *erscheint in der Tür ihrer Tabak-Trafik.*

Rittmeister *grüßt.*

Valerie *dankt.*

Rittmeister Dürft ich mal die Ziehungsliste?

Ziehungsliste Veröffentlichung der bei der Klassenlotterie gezogenen Losnummern

Valerie *reicht sie ihm aus dem Ständer von der Tür.*

Rittmeister Küss die Hand! *Er vertieft sich in die Ziehungsliste; plötzlich bricht der Walzer ab, mitten im Takt.*

Valerie *schadenfroh:* Was haben wir denn gewonnen, Herr Rittmeister? Das große Los?

Rittmeister *reicht ihr die Ziehungsliste wieder zurück:* Ich hab überhaupt noch nie was gewonnen, liebe Frau Valerie. Weiß der Teufel, warum ich spiel! Höchstens, dass ich meinen Einsatz herausbekommen hab.

Valerie Das ist halt das Glück in der Liebe.

Rittmeister Gewesen, gewesen!

Valerie Aber Herr Rittmeister! Mit dem Profil!

Rittmeister Das hat nicht viel zu sagen – wenn man nämlich ein wählerischer Mensch ist. Und eine solche Veranlagung ist eine kostspielige Charaktereigenschaft. Wenn der Krieg nur vierzehn Tage länger gedauert hätt, dann hätt ich heut meine Majorspension.

Wenn der Krieg …
→ Seite 214

Majorspension
→ Seite 215

Valerie Wenn der Krieg vierzehn Tag länger gedauert hätt, dann hätten wir gesiegt.

Rittmeister Menschlichem Ermessen nach –

Valerie Sicher. *Ab in ihre Tabak-Trafik.*

Marianne *begleitet eine gnädige Frau aus der Puppenklinik – jedesmal, wenn diese Ladentür geöffnet wird, ertönt statt eines Klingelzeichens ein Glockenspiel.*

Rittmeister *blättert nun in einer Zeitung und horcht.*

Die gnädige Frau Also ich kann mich auf Sie verlassen?

Marianne Ganz und gar, gnädige Frau! Wir haben doch hier das erste und älteste Spezialgeschäft im ganzen Bezirk – gnädige Frau bekommen die gewünschten Zinnsoldaten, garantiert und pünktlich!

Die gnädige Frau Also nochmals, nur damit keine Verwechslungen entstehen: drei Schachteln Schwerverwundete und zwei Schachteln Fallende – auch Kavallerie bitte, nicht nur Infanterie – und dass ich sie nur übermorgen früh im Haus hab, sonst weint der Bubi. Er hat nämlich am Freitag Geburtstag, und er möcht doch schon so lang Sanitäter spielen –

Marianne Garantiert und pünktlich, gnädige Frau! Vielen Dank, gnädige Frau!

Die gnädige Frau Also Adieu! *Ab nach links.*

Der Zauberkönig *erscheint auf seinem Balkon, in Schlafrock und mit Schnurrbartbinde:* Marianne! Bist du da?

Schnurrbartbinde
→ Seite 215

Marianne Papa?

Zauberkönig Wo stecken denn meine Sockenhalter?

Marianne Die rosa oder die beige?

Zauberkönig Ich hab doch nur mehr die rosa!

Marianne Im Schrank links oben, rechts hinten.

Difficile est, satiram non scribere. (lat.) »Es ist schwer, keine Satire zu schreiben«, Juvenal (60–140 n. Chr.)

Arbeit schändet nicht

→ Seite 215

Zauberkönig Links oben, rechts hinten. Difficile est, satiram non scribere. *Ab.*

Rittmeister *zu Marianne:* Immer fleißig, Fräulein Marianne! Immer fleißig!

Marianne Arbeit schändet nicht, Herr Rittmeister.

Rittmeister Im Gegenteil. Apropos: wann darf man denn gratulieren?

Marianne Zu was denn?

Rittmeister Na zur Verlobung.

Zauberkönig *erscheint wieder auf dem Balkon:* Marianne!

Rittmeister Habe die Ehre, Herr Zauberkönig!

Zauberkönig Habe die Ehre, Herr Rittmeister! Marianne. Zum letztenmal: wo stecken meine Sockenhalter?

Marianne Wo sie immer stecken.

Zauberkönig Was ist das für eine Antwort, bitt ich mir aus! Einen Ton hat dieses Ding an sich! Herzig! Zum leiblichen Vater! Wo meine Sockenhalter immer stecken, dort stecken sie nicht.

Marianne Dann stecken sie in der Kommod.

Zauberkönig Nein.

Nachtkastl Nachttisch

Marianne Dann im Nachtkastl.

Zauberkönig Nein.

Marianne Dann bei deinen Unterhosen.

Zauberkönig Nein.

Marianne Dann weiß ich es nicht.

Zauberkönig Jetzt frag ich aber zum allerletztenmal: wo stecken meine Sockenhalter!

Marianne Ich kann doch nicht zaubern!

Zauberkönig *brüllt sie an:* Und ich kann doch nicht mit rutschende Strümpf in die Totenmess! Weil du meine Garderob verschlampst! Jetzt komm aber nur rauf und such du! Aber avanti, avanti!

avanti **(ital.) vorwärts**

Marianne *ab in die Puppenklinik – und jetzt wird der Walzer »Über den Wellen« wieder weitergespielt.*

Zauberkönig *lauscht.*

Rittmeister Wer spielt denn da?

Zauberkönig Das ist eine Realschülerin im zweiten Stock – ein talentiertes Kind ist das.

Rittmeister Ein musikalisches.

Zauberkönig Ein frühentwickeltes – *Er summt mit, riecht an den Blumen und genießt ihren Duft.*

Rittmeister Es wird Frühling, Herr Zauberkönig.

Zauberkönig Endlich! Selbst das Wetter ist verrückt geworden!

Rittmeister Das sind wir alle.

Zauberkönig Ich nicht.

Pause.

Zauberkönig Elend sind wir dran, Herr Rittmeister, elend. Nicht einmal einen Dienstbot kann man sich halten. Wenn ich meine Tochter nicht hätt –

Oskar *kommt aus seiner Fleischhauerei, in Schwarz und mit Zylinder; er zieht sich soeben schwarze Glacéhandschuhe an.*

Glacéhandschuhe **Handschuhe aus feinem, glänzendem Gewebe**

Zauberkönig Ich bin gleich fertig, Oskar! Die liebe Mariann hat nur wieder mal meine Sockenhalter verhext!

Rittmeister Herr Zauberkönig! Dürft ich mir erlauben, Ihnen meine Sockenhalter anzubieten? Ich trag nämlich auch Strumpfbänder, neuerdings –

Zauberkönig Zu gütig! Küss die Hand! Aber Ordnung muss sein! Die liebe Mariann wird sie schon wieder herhexen!

Rittmeister Der Herr Bräutigam in spe können sich gratulieren.

in spe **(lat.) zukünftig**

Oskar *lüftet den Zylinder und verbeugt sich leicht.*

Zauberkönig Wenns Gott mir vergönnt, ja.

Rittmeister Mein Kompliment, die Herren! *Ab – und nun ist der Walzer aus.*

Marianne *erscheint auf dem Balkon mit den rosa Sockenhaltern:* Hier hab ich jetzt deine Sockenhalter.

Zauberkönig Na also!

Marianne Du hast sie aus Versehen in die Schmutzwäsch geworfen – und ich hab jetzt das ganze schmutzige Zeug durchwühlen müssen.

Zauberkönig Na so was! *Er lächelt väterlich und kneift sie in die Wange.* Brav, brav. Unten steht der Oskar. *Ab.*

Oskar Marianne! Marianne!

Marianne Ja?

Oskar Willst du denn nicht herunterkommen?

Marianne Das muss ich sowieso. *Ab.*

Havlitschek *erscheint in der Tür der Fleischhauerei; wieder fressend:* Herr Oskar. Was ich noch hab sagen wollen – geh, bittschön, betens auch in meinem Namen ein Vaterunser für die arme gnädige Frau Mutter selig.

Oskar Gern, Havlitschek.

Havlitschek Ich sage dankschön, Herr Oskar. *Ab.*

Marianne *tritt aus der Puppenklinik.*

Flor
→ Seite 215

Oskar Ich bin so glücklich, Mariann. Bald ist das Jahr der Trauer ganz vorbei, und morgen leg ich meinen Flor ab. Und am Sonntag ist offizielle Verlobung und Weihnachten Hochzeit. – Ein Bussi, Mariann, ein Vormittagsbussi –

Marianne *gibt ihm einen Kuss, fährt aber plötzlich zurück:* Au! Du sollst nicht immer beißen!

Oskar Hab ich denn jetzt?

Marianne Weißt du denn das nicht?

Oskar Also ich hätt jetzt geschworen –

Marianne Dass du mir immer weh tun musst.

Stille.

Oskar Böse?

Stille.

Oskar Na?

Marianne Manchmal glaub ich schon, dass du es dir herbeisehnst, dass ich ein böser Mensch sein soll –

Oskar Marianne! Du weißt, dass ich ein religiöser Mensch bin und dass ich es ernst nehme mit den christlichen Grundsätzen!

Marianne Glaubst du vielleicht, ich glaub nicht an Gott? Ph!

Oskar Ich wollte dich nicht beleidigen. Ich weiß, dass du mich verachtest.

Marianne Was fällt dir ein, du Idiot!

Stille.

Oskar Du liebst mich also nicht?

Marianne Was ist Liebe?

Stille.

Oskar Was denkst du jetzt?

Marianne Oskar, wenn uns etwas auseinanderbringen kann, dann bist du es. Du sollst nicht so herumbohren in mir, bitte –

Oskar Jetzt möcht ich in deinen Kopf hineinsehen können, ich möcht dir mal die Hirnschale herunter und nachkontrollieren, was du da drinnen denkst –

Marianne Aber das kannst du nicht.

Oskar Man ist und bleibt allein.

Stille.

Oskar *holt aus seiner Tasche eine Bonbonniere hervor:* Darf ich dir diese Bonbons, ich hab sie jetzt ganz vergessen, die im Goldpapier sind mit Likör –

Marianne *steckt sich mechanisch ein großes Bonbon in den Mund.*

Zauberkönig *tritt rasch aus der Puppenklinik, auch in Schwarz und mit Zylinder:* Also da sind wir, Was hast du da? Schon wieder Bonbons? Aufmerksam, sehr aufmerksam! *Er kostet.* Ananas! Prima! Na was sagst du zu deinem Bräutigam? Zufrieden?

Marianne *rasch ab in die Puppenklinik.*

Zauberkönig *verdutzt:* Was hat sie denn?

Oskar Launen.

Zauberkönig Übermut! Es geht ihr zu gut!

Benehmität Benehmen

Oskar Komm, wir haben keine Zeit, Papa – die Messe –

Zauberkönig Aber eine solche Benehmität! Ich glaub gar, dass du sie mir verwöhnst – also nur das nicht, lieber Oskar! Das rächt sich bitter! Was glaubst du, was ich auszustehen gehabt hab in meiner Ehe? Und warum? Nicht weil meine gnädige Frau Gemahlin ein bissiges Mistvieh war, sondern weil ich zu vornehm war, Gott hab sie selig! Nur niemals die Autorität verlieren! Abstand wahren! Patriarchat, kein Matriarchat! Kopf hoch! Daumen runter! Ave Caesar, morituri te salutant! *Ab mit Oskar.*

Daumen runter → Seite 215
Ave Caesar … → Seite 215

Jetzt spielt die Realschülerin im zweiten Stock den Walzer »In lauschiger Nacht« von Ziehrer.

In lauschiger Nacht Aus Carl Michael Ziehrers (1843–1922) Operette »Die Landstreicher« (1899)

Marianne *erscheint nun in der Auslage und arrangiert – sie bemüht sich besonders um das Skelett.*

Alfred *kommt von links, erblickt Marianne von hinten, hält und betrachtet sie.*

Marianne *dreht sich um – erblickt Alfred und ist fast fasziniert.*

Alfred *lächelt.*

Marianne *lächelt auch.*

Alfred *grüßt charmant.*

Marianne *dankt.*

Alfred *nähert sich der Auslage.*

Valerie *steht nun in der Tür ihrer Tabak-Trafik und betrachtet Alfred.*

Alfred *trommelt an die Fensterscheibe.*

Marianne *sieht ihn plötzlich erschrocken an, lässt rasch den Sonnenvorhang hinter der Fensterscheibe herab – und der Walzer bricht wieder ab, mitten im Takt.*

Alfred *erblickt Valerie.*

Stille.

Valerie Wohin?

Alfred Zu dir, Liebling.

Valerie Was hat man denn in der Puppenklinik verloren?

Alfred Ich wollte dir ein Pupperl kaufen.

Valerie Und an so was hängt man sein Leben.

Alfred Pardon!

Stille.

Alfred *krault Valerie am Kinn.*

Valerie *schlägt ihn auf die Hand.*

Stille.

Alfred Wer ist denn das Fräulein da drinnen?

Valerie Das geht dich einen Dreck an.

Alfred Das ist sogar ein sehr hübsches Fräulein.

Valerie Haha!

Alfred Ein schöngewachsenes Fräulein. Dass ich dieses Fräulein noch nie gesehen habe – das ist halt die Tücke des Objekts.

Valerie Na und?

Alfred Also ein für allemal: lang halt ich jetzt aber deine hysterischen Eifersüchteleien nicht mehr aus! Ich lass mich nicht tyrannisieren! Das hab ich doch schon gar nicht nötig!

Valerie Wirklich?

Alfred Glaub nur ja nicht, dass ich auf dein Geld angewiesen bin!

Stille.

Valerie Ja, das wird wohl das Beste sein –

Alfred Was?

Valerie Das wird das Beste sein für uns beide, dass wir uns trennen.

Alfred Aber dann endlich! Und im Guten! Und konsequent, wenn man bitten darf! – Da. Das bin ich dir noch schuldig. Mit Quittung. Wir haben in Saint-Cloud nichts verloren und in Le Tremblay gewonnen. Außenseiter. Zähls nach, bitte! *Ab.*

Le Tremblay Pferderennbahn in der Nähe von Paris

Valerie *allein; zählt mechanisch das Geld nach – dann sieht sie Alfred langsam nach; leise:* Luder. Mistvieh. Zuhälter. Bestie –

nur aufs körperliche und aufs Geld fixiert

III

Am nächsten Sonntag im Wiener Wald

Auf einer Lichtung am Ufer der schönen blauen Donau. Der Zauberkönig und Marianne, Oskar, Valerie, Alfred, einige entfernte Verwandte, unter ihnen Erich aus Kassel in Preußen, und kleine weißgekleidete hässliche Kinder machen einen gemeinsamen Ausflug.

Jetzt bilden sie gerade eine malerische Gruppe, denn sie wollen von Oskar fotografiert werden, der sich noch mit seinem Stativ beschäftigt – dann stellt er sich selbst in Positur neben Marianne, maßen er ja mit einem Selbstauslöser arbeitet. Und nachdem dieser tadellos funktionierte, gerät die Gruppe in Bewegung.

maßen weil

Zauberkönig Halt! Da capo! Ich glaub, ich hab gewackelt!

Da capo! (ital.) Wiederholen! Nochmals von vorne!

Oskar Aber Papa!

Zauberkönig Sicher ist sicher!

Erste Tante Ach ja!

Zweite Tante Das wär doch ewig schad!

Zauberkönig Also da capo, da capo!

Oskar Also gut! *Er beschäftigt sich wieder mit seinem Apparat – und wieder funktioniert der Selbstauslöser tadellos.*

Zauberkönig Ich danke!

Die Gruppe *löst sich allmählich auf.*

Erste Tante Lieber Herr Oskar, ich hätt ein großes Verlangen – geh, möchtens nicht mal die Kinderl allein abfotografieren, die sind doch heut so herzig –

Oskar Aber mit Vergnügen! *Er gruppiert die Kinder und küsst die Kleinste.*

Zweite Tante *zu Marianne:* Nein, mit welcher Liebe er das arrangiert. – Na wenn das kein braver Familienvater wird! Ein Kindernarr, ein Kindernarr! Unberufen! *Sie umarmt Marianne und gibt ihr einen Kuss.*

Unberufen! **Keine Frage!**

Valerie *zu Alfred:* Also das ist der Chimborasso.

Chimborasso **→ Seite 215**

Alfred Was für ein Chimborasso?

Valerie Dass du dich nämlich diesen Herrschaften hier anschließt, wo du doch weißt, dass ich dabei bin – nach all dem, was zwischen uns passiert ist.

Alfred Was ist denn passiert? Wir sind auseinander. Und noch dazu als gute Kameraden.

Valerie Nein, du bist halt keine Frau – sonst würdest du meine Gefühle anders respektieren.

Alfred Was für Gefühle? Noch immer?

Valerie Als Frau vergisst man nicht so leicht. Es bleibt immer etwas in einem drinnen. Wenn du auch ein großer Gauner bist.

Alfred Ich bitte dich, werde vernünftig.

Valerie *plötzlich gehässig:* Das würde dir so passen!

Stille.

Alfred Darf sich der Gauner jetzt empfehlen?

Valerie Wer hat ihn denn hier eingeladen?

Alfred Sag ich nicht.

Valerie Man kann sichs ja lebhaft vorstellen, nicht?

Alfred *zündet sich eine Zigarette an.*

Valerie Wo hat man sich denn kennengelernt? In der Puppenklinik?

Alfred Halts Maul.

Zauberkönig *nähert sich Alfred mit Erich:* Was höre ich? Die Herrschaften kennen sich noch nicht? Also darf ich bekannt machen: Das ist mein Neffe Erich, der Sohn meines Schwippschwagers aus zweiter Ehe – und das ist Herr Zentner. Stimmts?

Schwippschwager Ehemann der Schwägerin oder Bruder des Schwagers oder der Schwägerin

Alfred Gewiss.

Zauberkönig Herr von Zentner!

Erich *mit Brotbeutel und Feldflasche am Gürtel:* Sehr erfreut!

Zauberkönig Erich ist ein Student. Aus Dessau.

Erich Aus Kassel, Onkel.

Zauberkönig Kassel oder Dessau – das verwechsel ich immer! *Er zieht sich zurück.*

Alfred *zu Valerie:* Ihr kennt euch schon?

Valerie Oh schon seit Ewigkeiten!

Erich Ich hatte erst unlängst das Vergnügen. Wir hatten uns über das Burgtheater unterhalten und über den vermeintlichen Siegeszug des Tonfilms.

Burgtheater das bedeutendste Theater in Wien an der Ringstraße

Alfred Interessant! *Er verbeugt sich korrekt und zieht sich zurück; jetzt lässt eine Tante ihr Reisegrammofon singen: »Wie eiskalt ist dies Händchen«.*

Erich *lauscht:* Boheme. Göttlicher Puccini!

Marianne *nun neben Alfred; sie lauscht:* Wie eiskalt ist dies Händchen –

Wie eiskalt ist dies Händchen Arie aus Giacomo Puccinis (1858–1924) Oper »La Bohème« (1896)

Alfred Das ist Boheme.

Marianne Puccini.

Valerie *zu Erich:* Was kennen Sie denn für Operetten?

Erich Aber das hat doch mit Kunst nichts zu tun!

Valerie Geh, wie könnens denn nur so was sagen!

Erich Kennen Sie die Brüder Karamasow?

Valerie Nein.

Erich Das ist Kunst.

Marianne *zu Alfred:* Ich wollte mal rhythmische Gymnastik studieren, und dann hab ich von einem eigenen Institut geträumt, aber meine Verwandtschaft hat keinen Sinn für so was. Papa sagt immer, die finanzielle Unabhängigkeit der Frau vom Mann ist der letzte Schritt zum Bolschewismus.

Alfred Ich bin kein Politiker, aber glauben Sie mir: Auch die finanzielle Abhängigkeit des Mannes von der Frau führt zu nichts Gutem. Das sind halt so Naturgesetze.

Marianne Das glaub ich nicht.

Oskar *fotografiert nun den Zauberkönig allein, und zwar in verschiedenen Posen; das Reisegrammofon hat ausgesungen.*

Alfred Fotografiert er gern, der Herr Bräutigam?

Marianne Das tut er leidenschaftlich. Wir kennen uns schon seit acht Jahren.

Alfred Wie alt waren Sie denn damals? Pardon, das war jetzt nur eine automatische Reaktion!

Marianne Ich war damals vierzehn.

Alfred Das ist nicht viel.

Marianne Er ist nämlich ein Jugendfreund von mir. Weil wir Nachbarskinder sind.

Alfred Und wenn Sie jetzt keine Nachbarskinder gewesen wären?

Marianne Wie meinen Sie das?

Alfred Ich meine, dass das halt alles Naturgesetze sind. Und Schicksal.

Stille.

Marianne Schicksal, ja. Eigentlich ist das nämlich gar nicht

Die Brüder Karamasow **Roman von Fjodor M. Dostojewski (1821–1881), erschien 1879**

rhythmische Gymnastik **Verbindung von Gymnastik und klassischem und modernem Tanz**

Bolschewismus **→ Seite 215**

das, was man halt so Liebe nennt, vielleicht von seiner Seite aus, aber ansonsten – *Sie starrt Alfred plötzlich an.* Nein, was sag ich da, jetzt kenn ich Sie ja noch kaum – mein Gott, wie Sie das alles aus einem herausziehen –

Alfred Ich will gar nichts aus Ihnen herausziehen. Im Gegenteil.
Stille.

Marianne Können Sie hypnotisieren?

Oskar *zu Alfred:* Pardon! *Zu Marianne.* Darf ich bitten? *Er reicht ihr den Arm und geleitet sie unter eine schöne alte Baumgruppe, wo sich die ganze Gesellschaft bereits zum Picknick gelagert hat.*

Alfred *folgt Oskar und Marianne und lässt sich ebenfalls nieder.*

geplauscht geredet, geplaudert

Seelenwanderung → Seite 215

Zauberkönig Über was haben wir denn gerade geplauscht?

Erste Tante Über die Seelenwanderung.

Zweite Tante Was ist denn das für eine Geschicht, das mit der Seelenwanderung?

Erich Das ist buddhistische Religionsphilosophie. Die Buddhisten behaupten, dass die Seele eines verstorbenen Menschen in ein Tier hineinfährt – zum Beispiel in einen Elefanten.

Zauberkönig Verrückt!

Erich Oder in eine Schlange.

Erste Tante Pfui!

Erich Wieso pfui? Das sind doch nur unsere kleinlichen menschlichen Vorurteile! So lasst uns doch mal die geheime Schönheit der Spinnen, Käfer und Tausendfüßler –

Zweite Tante *unterbricht ihn:* Also nur nicht unappetitlich, bittschön!

Erste Tante Mir ist schon übel –

Zauberkönig Mir kann heut nichts den Appetit verderben! Solche Würmer gibts gar nicht!

Valerie Jetzt aber Schluss!

Zauberkönig *erhebt sich und klopft mit dem Messer an sein Glas:* Meine lieben Freunde! Zu guter Letzt war es ja schon ein öffentliches Geheimnis, dass meine liebe Tochter Mariann einen Blick auf meinen lieben Oskar geworfen hat –

Valerie Bravo!

Zauberkönig Silentium, gleich bin ich fertig, und nun haben wir uns hier versammelt, das heißt: ich hab euch alle eingeladen, um einen wichtigen Abschnitt im Leben zweier blühender Menschenkinder einfach, aber würdig, in einem kleinen, aber auserwählten Kreise zu feiern. Es tut mir nur heut in der Seele weh, dass Gott der Allmächtige es meiner unvergesslichen Gemahlin, der Mariann ihrem lieben Mutterl selig, nicht vergönnt hat, diesen Freudentag ihres einzigen Kindes mitzuerleben. Ich weiß es aber ganz genau, sie steht jetzt sicher hinter einem Stern droben in der Ewigkeit und schaut hier auf uns herab. Und erhebt ihr Glas – *erhebt sein Glas* – um ein aus dem Herzen kommendes Hoch auf das glückliche, nunmehr und hiermit offiziell verlobte Paar – das junge Paar, Oskar und Marianne, es lebe hoch! Hoch! Hoch!

silentium (lat.) Ruhe!

Alle Hoch! Hoch! Hoch!

Ida *jenes magere, herzige Mäderl, das seinerzeit Havlitscheks Blutwurst beanstandet hatte, tritt nun weißgekleidet mit einem Blumenstrauß vor das verlobte Paar und rezitiert mit einem Sprachfehler:*

Die Liebe ist ein Edelstein,
Sie brennt jahraus, sie brennt jahrein
Und kann sich nicht verzehren,
Sie brennt, solang noch Himmelslicht
In eines Menschen Aug sich bricht,
Um drin sich zu verklären.

Alle Bravo! Hoch! Gott, wie herzig!

Ida *überreicht Marianne den Blumenstrauß mit einem Knicks.*

Alle *streicheln nun Ida und gratulieren dem verlobten Paar in aufgeräumtester Stimmung; das Reisegrammofon spielt nun den Hochzeitsmarsch, und der Zauberkönig küsst Marianne auf die Stirn und Oskar auf den Mund, dann wischt er sich die Tränen aus den Augen, und dann legt er sich in seine Hängematte.*

Hochzeitsmarsch → Seite 216

Erich *hat eben mit seiner Feldflasche Bruderschaft mit Oskar getrunken:* Mal herhören, Leute! Oskar und Marianne! Ich gestatte mir nun aus dieser Feldflasche auf euer ganz Spezielles zu trinken! Glück und Gesundheit und viele brave deutsche Kinder! Heil!

Valerie *angeheitert:* Nur keine Neger! Heil!

Erich Verzeihen, gnädige Frau, aber über diesen Punkt vertrag ich keine frivolen Späße! Dieser Punkt ist mir heilig, Sie kennen meine Stellung zu unserem Rassenproblem.

Valerie Ein problematischer Mensch. – Halt! So bleibens doch da, Sie komplizierter Mann, Sie –

Erich Kompliziert. Wie meinen Sie das?

Valerie Interessant –

Erich Wieso?

Valerie Ja glaubens denn, dass ich die Juden mag? Sie großes Kind – *Sie hängt sich ein in das große Kind und schleift es weg; man lagert sich nun im Wald und die kleinen Kindlein spielen und stören.*

Oskar *singt zur Laute:*

Sei gepriesen, du lauschige Nacht,
Hast zwei Herzen so glücklich gemacht.
Und die Rosen im folgenden Jahr
Sahn ein Paar am Altar!
Auch der Klapperstorch blieb nicht lang aus,

Brachte klappernd den Segen ins Haus.
Und entschwand auch der liebliche Mai,
in der Jugend erblüht er neu!

Er spielt das Lied nochmal, singt aber nicht mehr, sondern summt nur; auch alle anderen summen mit, außer Alfred und Marianne.

Alfred *nähert sich nämlich Marianne:* Darf man noch einmal gratulieren?

Marianne *schließt die Augen.*

Alfred *küsst lange ihre Hand.*

Oskar *hatte den Vorgang beobachtet, übergab seine Laute der zweiten Tante, schlich sich heran und steht nun neben Marianne.*

Alfred *korrekt:* Ich gratuliere!

Oskar Danke.

Alfred *verbeugt sich korrekt und will ab.*

Oskar *sieht ihm nach:* Er beneidet mich um dich – ein geschmackloser Mensch. Wer ist denn das überhaupt?

Marianne Ein Kunde.

Oskar Schon lang?

Marianne Gestern war er da und wir sind ins Gespräch gekommen – nicht lang, und dann hab ich ihn gerufen. Er hat sich ein Gesellschaftsspiel gekauft.

Valerie *schrill:* Was soll das Pfand in meiner Hand?

Erich Das soll dreimal Muh schreien!

Valerie Das ist die Tante Henriett, die Tante Henriett!

Erste Tante *stellt sich in Positur und schreit:* Muh! Muh! Muh!

Großes Gelächter.

Valerie Und was soll das Pfand in meiner Hand?

Zauberkönig Das soll dreimal Mäh schreien!

Valerie Das bist du selber!

Zauberkönig Mäh! Mäh! Mäh!

Brüllendes Gelächter.

Valerie Und was soll das Pfand in meiner Hand?

Zweite Tante Der soll etwas demonstrieren!

Erich Was denn?

Zweite Tante Was er kann!

Valerie Oskar! Hast du gehört, Oskar? Du sollst uns etwas demonstrieren!

Erich Was du willst!

Zauberkönig Was du kannst!

Stille.

Oskar Meine Damen und Herren, ich werde Ihnen etwas sehr Nützliches demonstrieren, nämlich ich hab mich mit der japanischen Selbstverteidigungsmethode beschäftigt. Mit dem sogenannten Jiu-Jitsu. Und nun passens bitte auf, wie man seinen Gegner spielend kampfunfähig machen kann – *Er stürzt sich plötzlich auf Marianne und demonstriert an ihr seine Griffe.*

Jiu-Jitsu → Seite 216

Marianne *stürzt zu Boden:* Au! Au! Au! –

Erste Tante Nein, dieser Rohling!

Zauberkönig Bravo! Bravissimo!

Oskar *zur ersten Tante:* Aber ich hab doch den Griff nur markiert, sonst hätt ich ihr doch das Rückgrat verletzt!

markiert hier: angedeutet

Erste Tante Das auch noch!

Zauberkönig *klopft Oskar auf die Schulter:* Sehr geschickt! Sehr einleuchtend!

Zweite Tante *hilft Marianne beim Aufstehen:* Ein so zartes Frauerl. – Haben wir denn noch ein Pfand?

Valerie Leider! Schluss. Aus!

Zauberkönig Dann hätt ich ein Projekt! Jetzt gehen wir alle baden! Hinein in die kühle Flut! Ich schwitz eh schon wie ein gselchter Aff!

gselchter geräucherter

Erich Eine ausgezeichnete Idee!

Valerie Aber wo sollen sich denn die Damen entkleiden?

Zauberkönig Nichts leichter als das! Die Damen rechts, die Herren links! Also auf Wiedersehen in unserer schönen blauen Donau!

Jetzt spielt das Reisegrammofon den Walzer »An der schönen blauen Donau«, und die Damen verschwinden rechts, die Herren links – Valerie und Alfred sind die letzten.

Valerie Alfred!

Alfred Bitte?

Valerie *trällert die Walzermelodie nach und zieht ihre Bluse aus.*

Alfred Nun?

Valerie *wirft ihm eine Kusshand zu.*

Alfred Adieu!

Valerie Moment! Gefällt dem Herrn Baron das Fräulein Braut?

Alfred *fixiert sie – geht dann rasch auf sie zu und hält knapp vor ihr:* Hauch mich an!

Valerie Wie komm ich dazu!

Alfred Hauch mich an!

Valerie *haucht ihn an.*

Alfred Du Alkoholistin.

Valerie Das ist doch nur ein Schwips, den ich da hab, du Vegetarianer! Der Mensch denkt und Gott lenkt. Man feiert doch nicht alle Tage Verlobung – und Entlobung, du Schweinehund –

Alfred Einen anderen Ton, wenn ich bitten darf!

Valerie Dass du mich nicht anrührst, dass du mich nicht anrührst –

Alfred Toll! Als hätt ich dich schon jemals angerührt.

Valerie Und am siebzehnten März?

Stille.

Alfred Wie du dir alles merkst –

Valerie Alles. Das Gute und das Böse – *Sie hält sich plötzlich die Bluse vor.* Geh! Ich möcht mich jetzt ausziehen!

Alfred Als hätt ich dich nicht schon so gesehen –

Valerie *kreischt:* Schau mich nicht so an! Geh! Geh!

Alfred Hysterische Kuh – *Ab nach links.*

Valerie *allein; sieht ihm nach:* Luder. Mistvieh. Drecksau. Bestie. *Sie zieht sich aus.*

Zauberkönig *taucht im Schwimmanzug hinter dem Busch auf und sieht zu.*

Valerie *hat nun nur mehr das Hemd, Schlüpfer und Strümpfe an, sie entdeckt den Zauberkönig:* Jesus Maria Josef! Oh du Hallodri! Mir scheint gar, du bist ein Voyeur –

Hallodri leichtsinniger Mensch
Voyeur Spanner

Zauberkönig Ich bin doch nicht pervers. Zieh dich nur ruhig weiter aus.

Valerie Nein, ich hab doch noch mein Schamgefühl.

Zauberkönig Geh, in der heutigen Zeit!

Valerie Aber ich hab halt so eine verflixte Fantasie – *Sie trippelt hinter einen Busch.*

Zauberkönig *lässt sich vor dem Busch nieder, entdeckt Valeries Korsett, nimmt es an sich und riecht daran:* Mit oder ohne Fantasie – diese heutige Zeit ist eine verkehrte Welt! Ohne Treu, ohne Glauben, ohne sittliche Grundsätz. Alles wackelt, nichts steht mehr fest. Reif für die Sintflut – *Er legt das Korsett wieder beiseite, denn es duftet nicht gerade überwältigend.* Ich bin nur froh, dass ich die Mariann angebracht hab, eine Fleischhauerei ist immer noch solid –

Valeries Stimme Na und die Trafikantinnen?

Zauberkönig Auch! Rauchen und Fressen werden die Leut immer – aber zaubern? Wenn ich mich so mit der Zukunft beschäftig, da wirds mir manchmal ganz pessimistisch. Ich habs ja überhaupt nicht leicht gehabt in meinem

Leben, ich muss ja nur an meine Frau selig denken – diese ewige Schererei mit den Spezialärzten –

Valerie *erscheint nun im Badetrikot; sie beschäftigt sich mit dem Schulterknöpfchen:* An was ist sie denn eigentlich gestorben?

Zauberkönig *stiert auf ihren Busen:* An der Brust.

Valerie Doch nicht Krebs?

Zauberkönig Doch. Krebs.

Valerie Ach, die Ärmste.

Zauberkönig Ich war auch nicht zu beneiden. Man hat ihr die linke Brust wegoperiert – sie ist überhaupt nie gesund gewesen, aber ihre Eltern haben mir das verheimlicht. – Wenn ich dich daneben anschau: stattlich, also direkt königlich. – Eine königliche Person.

Valerie *macht nun Rumpfbeugen:* Was wisst ihr Mannsbilder schon von der Tragödie des Weibes? Wenn wir uns nicht so herrichten und pflegen täten –

Zauberkönig *unterbricht sie:* Glaubst du, ich muss mich nicht pflegen?

Valerie Das schon. Aber bei einem Herrn sieht man doch in erster Linie auf das Innere – *Sie macht nun in rhythmischer Gymnastik.*

Zauberkönig *sieht ihr zu und macht dann Kniebeugen.*

Valerie Hach, jetzt bin ich aber müd! *Sie wirft sich neben ihn hin.*

Zauberkönig Der sterbende Schwan. *Er nimmt neben ihr Platz.*

Stille.

Valerie Darf ich meinen Kopf in deinen Schoß legen?

Zauberkönig Auf der Alm gibts keine Sünd!

Valerie *tut es:* Die Erd ist nämlich noch hart – heuer war der Winter lang.

Stille.

Der sterbende Schwan
→ Seite 216

Auf der Alm … **bekanntes bayrisches Jodlerlied**

heuer **in diesem Jahr**

Valerie *leise:* Du. Gehts dir auch so? Wenn die Sonn so auf meine Haut scheint, wirds mir immer so weißnichtwie –

Zauberkönig Wie? Sags mir.

Stille.

Valerie Du hast doch zuvor mit meinem Korsett gespielt?

Stille.

Zauberkönig Na und?

Valerie Na und?

Zauberkönig *wirft sich plötzlich über sie und küsst sie.*

Valerie Gott, was für ein Temperament – das hätt ich dir gar nicht zugetraut – du schlimmer Mensch, du –

Zauberkönig Bin ich sehr schlimm?

Valerie Ja – nein, du! Halt, da kommt wer! *Sie kugeln auseinander.*

Erich *kommt in Badehose mit einem Luftdruckgewehr:* Verzeihung, Onkel! Du wirst es doch gestatten, wenn ich es mir jetzt gestatte, hier zu schießen?

Zauberkönig Was willst du?

Erich Schießen.

Zauberkönig Du willst hier schießen?

Erich Nach der Scheibe auf jener Buche dort. Übermorgen steigt nämlich das monatliche Preisschießen unseres akademischen Wehrverbandes und da möchte ich es mir nur gestatten, mich etwas einzuschießen. Also darf ich?

akademischer Wehrverband ihm gehörten nur Studenten bzw. Akademiker an

Valerie Natürlich.

Zauberkönig Natürlich? *Zu Valerie.* Natürlich! *Er erhebt sich.* Wehrverband! Sehr natürlich! Nur das Schießen nicht verlernen. – Ich geh mich jetzt abkühlen! In unsere schöne blaue Donau! *Für sich.* Hängts euch auf! *Ab.*

Erich *ladet, zielt und schießt.*

Valerie *sieht ihm zu; nach dem dritten Schuss:* Pardon, wenn ich Sie molestiere – was studieren der junge Herr eigentlich?

molestiere belästige

Erich Jus. Drittes Semester. *Er zielt.* Arbeitsrecht. *Schuss.*

Valerie Arbeitsrecht. Ist denn das nicht recht langweilig?

Erich *ladet:* Ich habe Aussicht, dereinst als Syndikus mein Unterkommen zu finden. *Er zielt.* In der Industrie. *Schuss.*

Valerie Und wie gefällt Ihnen unsere Wiener Stadt?

Erich Herrliches Barock.

Valerie Und die süßen Wiener Maderln?

Erich Offen gesagt: Ich kann mit jungen Mädchen nichts anfangen. Ich war nämlich schon mal verlobt und hatte nur bittere Enttäuschungen, weil Käthe eben zu jung war, um meinem Ich Verständnis entgegenbringen zu können. Bei jungen Mädchen verschwendet man seine Gefühle an die falsche Adresse. Dann schon lieber eine reifere Frau, die einem auch etwas geben kann.
Schuss.

Valerie Wo wohnen Sie denn?

Erich Ich möchte gerne ausziehen.

Valerie Ich hätt ein möbliertes Zimmer.

Erich Preiswert?

Valerie Geschenkt.

Erich Das träfe sich ja famos.
Schuss.

Valerie Herr Syndikus – geh, lassens mich auch mal schießen –

Erich Mit Vergnügen!

Valerie Ganz meinerseits. *Sie nimmt ihm das Gewehr ab.* Waren Sie noch Soldat?

Erich Leider nein – ich bin doch Jahrgang 1911.

Valerie 1911 – *Sie zielt lange.*

Erich *kommandiert:* Stillgestanden! Achtung! Feuer!

Valerie *schießt nicht – langsam lässt sie das Gewehr sinken und sieht ihn ernst an.*

Jus
Jura

Syndikus
Jurist in einem großen Unternehmen oder einem Verband

Maderln
Mädchen

Erich Was ist denn los?

Valerie Au! *Sie krümmt sich plötzlich und wimmert.* Ich hab so Stechen. – Meine arme Niere –

Stille.

Erich Kann ich Ihnen behilflich sein?

Valerie Danke. – Jetzt ist es schon wieder vorbei. Das ist nämlich oft so, wenn ich mich freudig aufreg – ich muss halt immer gleich büßen. Jetzt kann ich das Ziel nicht mehr sehen –

Erich *verwirrt:* Was für ein Ziel?

Valerie Weil es halt schon dämmert – *Sie umarmt ihn und er lässt sich umarmen; ein Kuss.* Ein Ziel ist immer etwas Erstrebenswertes. Ein Mensch ohne Ziel ist kein Mensch. – Du – du – Neunzehnhundertelfer – –

IV

An der schönen blauen Donau

Nun ist die Sonne untergegangen, es dämmert bereits, und in der Ferne spielt der lieben Tante ihr Reisegrammofon den »Frühlingsstimmen-Walzer« von Johann Strauß.

Frühlingsstimmen-Walzer Walzer (1883) von Johann Strauß Sohn (1825–1899)

Alfred *in Bademantel und Strohhut – er blickt verträumt auf das andere Ufer.*

Marianne *steigt aus der schönen blauen Donau und erkennt Alfred.*

Stille.

Alfred *lüftet den Strohhut:* Ich wusste es, dass Sie hier landen werden.

Marianne Woher wussten Sie das?

Alfred Ich wusst es.

Stille.

Marianne Die Donau ist weich wie Samt –

Alfred Wie Samt.

Marianne Heut möcht ich weit fort – heut könnt man im Freien übernachten.

Alfred Leicht.

Marianne Ach, wir armen Kulturmenschen! Was haben wir von unserer Natur!

Alfred Was haben wir aus unserer Natur gemacht? Eine Zwangsjacke. Keiner darf, wie er will.

Marianne Und keiner will, wie er darf.

Stille.

Alfred Und keiner darf, wie er kann.

Marianne Und keiner kann, wie er soll –

Alfred *umarmt sie mit großer Gebärde, und sie wehrt sich mit keiner Faser – ein langer Kuss.*

Marianne *haucht:* Ich habs gewusst, ich habs gewusst –

Alfred Ich auch.

Marianne Liebst du mich, wie du solltest –?

Alfred Das hab ich im Gefühl. Komm, setzen wir uns. *Sie setzen sich.*

Stille.

Marianne Ich bin nur froh, dass du nicht dumm bist – ich bin nämlich von lauter dummen Menschen umgeben. Auch Papa ist kein Kirchenlicht – und manchmal glaub ich, er will sich durch mich an meinem armen Mutterl selig rächen. Die war nämlich sehr eigensinnig.

kein Kirchenlicht **hier: dumm**

Alfred Du denkst zu viel.

Marianne Jetzt gehts mir gut. Jetzt möcht ich singen. Immer, wenn ich traurig bin, möcht ich singen – *Sie summt und verstummt wieder.* Warum sagst du kein Wort?

Stille.

Alfred Liebst du mich?

Marianne Sehr.

Alfred So wie du solltest? Ich meine, ob du mich vernünftig liebst?

Marianne Vernünftig?

Alfred Ich meine, ob du keine Unüberlegtheiten machen wirst – denn dafür könnt ich keine Verantwortung übernehmen.

Marianne Oh Mann, grübl doch nicht – grübl nicht, schau die Sterne – die werden noch droben hängen, wenn wir drunten liegen –

Alfred Ich lass mich verbrennen.

Marianne Ich auch – du, o du – du –

Stille.

Marianne Du – wie der Blitz hast du in mich eingeschlagen und hast mich gespalten – jetzt weiß ich es aber ganz genau.

Alfred Was?

Marianne Dass ich ihn nicht heiraten werde –

Alfred Mariann!

Marianne Was hast du denn?

Stille.

Alfred Ich hab kein Geld.

Marianne Oh warum sprichst du jetzt davon?!

Alfred Weil das meine primitivste Pflicht ist! Noch nie in meinem Leben hab ich eine Verlobung zerstört, und zwar prinzipiell! Lieben ja, aber dadurch zwei Menschen auseinanderbringen – nein! Dazu fehlt mir das moralische Recht! Prinzipiell!

Liebende menschen gehören scheinbar nicht zusammen

Stille.

Marianne Ich hab mich nicht getäuscht, du bist ein feiner Mensch. Jetzt fühl ich mich doppelt zu dir gehörig – ich pass nicht zu Oskar und basta!

Es ist inzwischen finster geworden und nun steigen in der Nähe Raketen.

Alfred Raketen. Deine Verlobungsraketen.

Marianne Unsere Verlobungsraketen.

Alfred Und bengalisches Licht.

Marianne Blau, grün, gelb, rot –

Alfred Sie werden dich suchen.

Marianne Sie sollen uns finden – bleib mir, du, dich hat mir der Himmel gesandt, mein Schutzengel –

Jetzt gibt es bengalisches Licht – blau, grün, gelb, rot – und beleuchtet Alfred und Marianne; und den Zauberkönig, der knapp vor ihnen steht mit der Hand auf dem Herzen.

Marianne *schreit unterdrückt auf.*

Stille.

Alfred *geht auf den Zauberkönig zu:* Herr Zauberkönig –

Zauberkönig *unterbricht ihn:* Schweigen Sie! Mir brauchen Sie nichts zu erklären, ich hab ja alles gehört – na, das ist ja ein gediegener Skandal! Am Verlobungstag –! Nacket herumliegen! Küss die Hand! Mariann! Zieh dich an! Dass nur der Oskar nicht kommt – Jesus Maria und ein Stückerl Josef!

Alfred Ich trag natürlich sämtliche Konsequenzen, wenn es sein muss.

Zauberkönig Sie haben da gar nichts zu tragen! Sie haben sich aus dem Staube zu machen, Sie Herr! Diese Verlobung darf nicht platzen, auch aus moralischen Gründen nicht! Dass mir keine Seele was erfährt, Sie Halunk – Ehrenwort!

Alfred Ehrenwort!

Marianne Nein!!

Zauberkönig *unterdrückt:* Brüll nicht! Bist du daneben? Zieh dich an, aber marsch-marsch! Du Badhur!

Oskar *erscheint und überblickt die Situation:* Marianne! Marianne!

bengalisches Licht **Feuerwerkskörper, die ein Licht in ruhig-gedämpften Farben erzeugen**

Bist du daneben? **Bist du verrückt?**

Badhur **→ Seite 216**

Krach in die Melon! **Jetzt gibt's Probleme!**

Zauberkönig Krach in die Melon!

Stille.

Alfred Das Fräulein Braut haben bis jetzt geschwommen.

Marianne Lüg nicht! So lüg doch nicht! Nein, ich bin nicht geschwommen, ich mag nicht mehr schwimmen! Ich lass mich von euch nicht mehr tyrannisieren. Jetzt bricht der Sklave seine Fessel – da! *Sie wirft Oskar den Verlobungsring ins Gesicht.* Ich lass mir mein Leben nicht verhunzen, das ist mein Leben! Gott hat mir im letzten Moment diesen Mann da zugeführt. – Nein, ich heirat dich nicht, ich heirat dich nicht, ich heirat dich nicht!! Meinetwegen soll unsere Puppenklinik verrecken, eher heut als morgen!

verhunzen **verderben**

Zauberkönig Das einzige Kind! Das werd ich mir merken!

Stille.

Während zuvor Marianne geschrien hat, sind auch die übrigen Ausflügler erschienen und horchen interessiert und schadenfroh zu.

Oskar *tritt zu Marianne:* Mariann, ich wünsch dir nie, dass du das durchmachen sollst, was jetzt in mir vorgeht – und ich werde dich auch noch weiter lieben, du entgehst mir nicht – und ich danke dir für alles. *Ab.*

Stille.

Zauberkönig *zu Alfred:* Was sind Sie denn überhaupt?

Alfred Ich?

Valerie Nichts. Nichts ist er.

Zauberkönig Ein Nichts. Das auch noch. Ich habe keine Tochter mehr! *Ab mit den Ausflüglern – Alfred und Marianne bleiben allein zurück; jetzt scheint der Mond.*

Alfred Ich bitte dich um Verzeihung.

Marianne *reicht ihm die Hand.*

Alfred Dass ich dich nämlich nicht hab haben wollen – dafür trägt aber nur mein Verantwortungsgefühl die Verantwortung. Ich bin deiner Liebe nicht wert, ich kann dir keine Existenz bieten, ich bin überhaupt kein Mensch –

Marianne Mich kann nichts erschüttern. Lass mich aus dir einen Menschen machen – du machst mich so groß und weit –

Alfred Und du erhöhst mich. Ich werd ganz klein vor dir in seelischer Hinsicht.

Marianne Und ich geh direkt aus mir heraus und schau mir nach – jetzt, siehst du, jetzt bin ich schon ganz weit fort von mir – ganz dort hinten, ich kann mich kaum mehr sehen. – Von dir möcht ich ein Kind haben –

Ende des ersten Teiles

Zweiter Teil

I

Wieder in der stillen Straße im achten Bezirk, vor Oskars Fleischhauerei, der Puppenklinik und Frau Valeries Tabak-Trafik. Die Sonne scheint wie dazumal und auch die Realschülerin im zweiten Stock spielt noch immer die »Geschichten aus dem Wiener Wald« von Johann Strauß.

Havlitschek *steht in der Tür der Fleischhauerei und frisst Wurst.*

ein Mädchen für alles **Haushaltshilfe**

Das Fräulein Emma *ein Mädchen für alles, steht mit einer Markttasche neben ihm; sie lauscht der Musik:* Herr Havlitschek –

Havlitschek Ich bitte schön?

Emma Musik ist doch etwas Schönes, nicht?

Havlitschek Ich könnt mir schon noch etwas Schöneres vorstellen, Fräulein Emma.

Emma *summt leise den Walzer mit.*

Havlitschek Das tät nämlich auch von Ihnen abhängen, Fräulein Emma.

Emma Mir scheint gar, Sie sind ein Casanova, Herr Havlitschek.

Havlitschek Sagens nur ruhig Ladislaus zu mir.

Pause.

Emma Gestern hab ich von Ihrem Herrn Oskar geträumt.

Havlitschek Haben Sie sich nix Gescheiteres träumen können?

Emma Der Herr Oskar hat immer so große melancholische Augen – es tut einem direkt weh, wenn er einen anschaut –

Havlitschek Das macht die Liebe.

Emma Wie meinen Sie das jetzt?

Havlitschek Ich meine das jetzt so, dass er in ein nichtsnutziges Frauenzimmer verliebt ist – die hat ihn nämlich sitzen lassen, schon vor einem Jahr, und ist sich mit einem andern Nichtsnutzigen auf und davon.

Emma Und er liebt sie noch immer? Das find ich aber schön.

Havlitschek Das find ich blöd.

Emma Aber eine große Leidenschaft ist doch was Romantisches –

Havlitschek Nein, das ist etwas Ungesundes! Schauns doch nur, wie er ausschaut, er quält sich ja direkt selbst – es fallt ihm schon gar keine andere Frau mehr auf, und derweil hat er Geld wie Heu und ist soweit auch ein Charakter, der könnt doch für jeden Finger eine gute Partie haben – aber nein! Akkurat auf die läufige Bestie hat er sich versetzt – weiß der Teufel, was er treibt!

Emma Wie meinen Sie das jetzt wieder, Herr Havlitschek?

Havlitschek Ich meine das so, dass man es nicht weiß, wo er es hinausschwitzt.

Emma O Sie garstiger Mann!

Pause.

Havlitschek Fräulein Emma. Morgen ist Freitag und ich bin an der Endhaltestelle von der Linie achtundsechzig.

Emma Ich kann aber nicht vor drei.

Havlitschek Das soll kein Hindernis sein.

Pause.

Emma Also um halb vier – und vergessens aber nur ja nicht, was Sie mir versprochen haben – dass Sie nämlich nicht schlimm sein werden, lieber Ladislaus – *Ab.*

Havlitschek *sieht ihr nach und spuckt die Wursthaut aus:* Dummes Luder, dummes –

Oskar *tritt aus seiner Fleischhauerei:* Dass du es nur ja nicht

vergisst: Wir müssen heut noch die Sau abstechen. – Stichs du, ich hab heut keinen Spaß daran.
Pause.

Havlitschek Darf ich einmal ein offenes Wörterl reden, Herr Oskar?

Oskar Dreht sichs um die Sau?

Havlitschek Es dreht sich schon um eine Sau, aber nicht um dieselbe Sau. – Herr Oskar, bittschön, nehmens Ihnen das nicht so zu Herzen, das mit Ihrer gewesenen Fräulein Braut, schauns, Weiber gibts wie Mist! Ein jeder Krüppel findt ein Weib und sogar die Geschlechtskranken auch! Und die Weiber sehen sich ja in den entscheidenden Punkten alle ähnlich, glaubens mir, ich meine es ehrlich mit Ihnen! Die Weiber haben keine Seele, das ist nur äußerliches Fleisch! Und man soll so ein Weib auch nicht schonend behandeln, das ist ein Versäumnis, sondern man soll ihr nur gleich das Maul zerreißen oder so!
Pause.

Das Weib ist ein Rätsel → Seite 216
Sphinx → Seite 216
Grafologe → Seite 216

Oskar Das Weib ist ein Rätsel, Havlitschek. Eine Sphinx. Ich hab mal der Mariann ihre Schrift zu verschiedenen Grafologen getragen – und der erste hat gesagt, also das ist die Schrift eines Vampirs, und der zweite hat gesagt, das ist eine gute Kameradin, und der dritte hat gesagt, das ist die ideale Hausfrau in persona. Ein Engel.

II

Möbliertes Zimmer im achtzehnten Bezirk

achtzehnter Bezirk → Seite 216

Äußerst preiswert. Um sieben Uhr morgens. Alfred liegt noch im Bett und raucht Zigaretten. Marianne putzt sich bereits die Zähne. In der Ecke ein alter Kinderwagen – auf einer Schnur hängen Windeln. Der Tag ist grau und das Licht trüb.

Marianne *gurgelt:* Du hast mal gesagt, ich sei ein Engel. Ich habe gleich gesagt, dass ich kein Engel bin – dass ich nur ein gewöhnliches Menschenkind bin, ohne Ambitionen. Aber du bist halt ein kalter Verstandesmensch.

Alfred Du weißt, dass ich kein Verstandesmensch bin.

Marianne Doch! *Sie frisiert sich nun.* Ich müsst mir mal die Haar schneiden lassen.

Alfred Ich auch.

Stille.

Mariannderl. Warum stehst denn schon so früh auf?

Marianne Weil ich nicht schlafen kann.

Stille.

Alfred Fühlst dich nicht gut in deiner Haut?

Marianne Du vielleicht? *Sie fixieren sich.*

Alfred Wer hat mir denn die Rennplätz verleidet? Seit einem geschlagenen Jahr hab ich keinen Buchmacher mehr gesprochen, geschweige denn einen Fachmann – jetzt darf ich mich natürlich aufhängen! Neue Saisons, neue Favoriten! Zweijährige, dreijährige – ich hab keinen Kontakt mehr zur neuen Generation. Und warum nicht? Weil ich ausgerechnet eine Hautcreme verschleiß, die keiner kauft, weil sie miserabel ist!

Marianne Die Leut haben halt kein Geld.

Alfred Nimm nur die Leut in Schutz!

Marianne Ich mach dir doch keine Vorwürf, du kannst doch nichts dafür.

Alfred Das wäre ja noch schöner!

Marianne Als ob ich was für die wirtschaftliche Krise könnt!

Alfred Oh du egozentrische Person. – Wer hat mir denn den irrsinnigen Rat gegeben, als Kosmetik-Agent herumzurennen? Du! *Er steht auf.* Wo stecken denn meine Sockenhalter?

Marianne *deutet auf einen Stuhl:* Dort.

Buchmacher
→ **Seite 216**

Zweijährige, dreijährige **Typen von Rennpferden**

verschleiß **verkaufe**

Agent **Vertreter für eine Ware**

Alfred Nein.

Marianne Dann auf dem Nachtkastl.

Alfred Nein.

Marianne Dann weiß ich es nicht.

Alfred Du hast es aber zu wissen!

Marianne Nein, genau wie Papa –

Alfred Vergleich mich nicht immer mit dem alten Trottel!

Marianne Nicht so laut! Wenn das Kind aufwacht, dann kenn ich mich wieder nicht aus vor lauter Geschrei!
Stille.

Alfred Also das mit dem Kind muss auch anders werden. Wir können doch nicht drei Seelen hoch in diesem Loch vegetieren! Das Kind muss weg!

Marianne Das Kind bleibt da.

Alfred Das Kind kommt weg.

Marianne Nein. Nie!
Stille.

Alfred Wo stecken meine Sockenhalter?

Marianne *sieht ihn groß an:* Weißt du, was das heut für ein Datum ist?

Alfred Nein.

Marianne Heut ist der Zwölfte.
Stille.

Alfred Was willst du damit sagen?

Marianne Dass das heut ein Gedenktag ist. Heut vor einem Jahr hab ich dich zum ersten Mal gesehen. In unserer Auslag.

Alfred Ich bitt dich, red nicht immer in Hieroglyphen! Wir sind doch keine Ägypter! In was für einer Auslag?

Marianne Ich hab grad das Skelett arrangiert und da hast du an die Auslag geklopft. Und da hab ich die Rouleaus heruntergelassen, weil es mir plötzlich unheimlich geworden ist.

Auslag Schaufensterauslage
Hieroglyphen hier: in rätselhaften Worten
Rouleau Rollo

Alfred Stimmt.

Marianne Ich war viel allein – *Sie weint leise.*

Alfred So flenn doch nicht schon wieder. – Schau, Marianderl, ich versteh dich ja hundertperzentig mit deinem mütterlichen Egoismus, aber es ist doch nur im Interesse unseres Kindes, dass es aus diesem feuchten Loch herauskommt – hier ist es grau und trüb, und draußen bei meiner Mutter in der Wachau scheint die Sonne.

hundertperzentig **hundertprozentig**

Marianne Das schon –

Alfred Na also!

Stille.

Marianne Über uns webt das Schicksal Knoten in unser Leben – *Sie fixiert plötzlich Alfred.* Was hast du jetzt gesagt?

Alfred Wieso?

Marianne Du hast gesagt: dummes Kalb.

Alfred Aber was!

Marianne Lüg nicht!

Alfred *putzt sich die Zähne und gurgelt.*

Marianne Du sollst mich nicht immer beschimpfen.

Stille.

Alfred *seift sich nun ein, um sich zu rasieren:* Liebes Kind, es gibt eben etwas, was ich aus tiefster Seel heraus hass – und das ist die Dummheit. Und du stellst dich schon manchmal penetrant dumm. Ich versteh das gar nicht, warum du so dumm bist! Du hast es doch schon gar nicht nötig, dass du so dumm bist!

Stille.

Marianne Du hast mal gesagt, dass ich dich erhöh – in seelischer Hinsicht –

Alfred Das hab ich nie gesagt. Das kann ich gar nicht gesagt haben. Und wenn, dann hab ich mich getäuscht.

Marianne Alfred!

Alfred Nicht so laut! So denk doch an das Kind!

Marianne Ich hab so Angst, Alfred –

Alfred Du siehst Gespenster.

Marianne Du, wenn du jetzt nämlich alles vergessen hast –

Alfred Quatsch!

III

Kleines Café im zweiten Bezirk

zweiter Bezirk → Seite 216

Der Hierlinger Ferdinand *spielt gegen sich selbst Billard.*

Alfred *kommt.*

Der Hierlinger Ferdinand Servus Alfred! Na das ist aber hübsch, dass ich dich wieder mal seh – was machst denn für ein fades Gesicht?

Alfred Ich bin halt sehr nervös.

Der Hierlinger Ferdinand Nervosität ist nie gut. Komm sei so gut und spiel mit mir, damit du auf andere Gedanken kommst – *Er reicht ihm ein Queue.* Bis fünfzig und du fängst an!

Queue Billardstock

Alfred Bon. *Er patzt.* Aus ist!

Bon gut, in Ordnung

Der Hierlinger Ferdinand *kommt dran:* Ist das jetzt wahr, dass du wieder ein Bankbeamter geworden bist?

Alfred Ist ja alles überfüllt!

Der Hierlinger Ferdinand Cherchez la femme! Wenn die Lieb erwacht, sitzt der Verstand im Hintern! Macht sich lustig

Cherchez la femme! → Seite 217

Alfred Mein lieber Ferdinand – hier dreht es sich nicht um den kühlen Kopf, sondern um ein ganz anderes Organ – *Er legt seine Hand aufs Herz.* Es gibt ein Märchen von Andersen, wo der unartige Knabe dem guten alten Dichter mitten ins Herz schießt – Amor, lieber Ferdinand, Gott Amor! sagt dass er Marianne liebt

der unartige Knabe Märchen von Hans Christian Andersen, dänischer Märchenerzähler (1805–1875).

Der Hierlinger Ferdinand *ist in seine Serie vertieft:* Da hätt man buserieren solln –

buserieren nötigen, drängen; hier: der Kugel einen heftigen Stoß versetzen

Alfred Ich bin halt ein weicher Mensch, und sie hat an meine Jugendideale appelliert. Zuerst war ja eine gewisse normale Leidenschaftlichkeit dabei – und dann, wie der ursprüngliche Reiz weg war, kam das Mitleid bei mir. Sie ist halt so ein Typ, bei dem der richtige Mann mütterlich wird, obwohl sie manchmal schon ein boshaftes Luder ist. Meiner Seel, ich glaub, ich bin ihr hörig!

Der Hierlinger Ferdinand Hörigkeit ist eine Blutfrage. Eine Temperaturfrage des Blutes.

Alfred Glaubst du?

Der Hierlinger Ferdinand Bestimmt.

Stille.

Der Hierlinger Ferdinand Du bist dran: Elf!

Alfred *spielt nun.*

Der Hierlinger Ferdinand Alfred! Weißt du aber auch, was meine Grenzen total übersteigt? Sich in der heutigen Krise auch noch ein Kind anzuschaffen –

Alfred Gott ist mein Zeuge, dass ich nie ein Kind hab haben wollen, das hat nur sie haben wollen – und dann ist es halt so von allein gekommen. Ich wollte es ja gleich stante pede wegmachen lassen, aber sie hat sich schon direkt fanatisch dagegen gesträubt, und ich hab schon sehr energische Seiten aufziehen müssen, bis ich sie endlich so weit gehabt hab, dass sie sich der Prozedur unterzieht – kannst dir das Affentheater vorstellen! Eine kostspielige Prozedur war das, meiner Seel – und dann wars doch nur für die Katz! Pech muss der Mensch haben, und das genügt!

stante pede **(lat.) »stehenden Fußes«, sofort**

Marianne *erscheint.*

Alfred *erblickt sie und ruft ihr zu:* Setz dich nur dorthin – ich spiel hier nur meine Partie zu End!

Marianne *setzt sich an einen Tisch und blättert in Modejournalen.*

Stille.

Donna (ital.) Frau, hier: Geliebte

Der Hierlinger Ferdinand Ist das deine Donna?

Alfred Yes.

Stille.

Der Hierlinger Ferdinand Also das wär deine Donna. Komisch. Jetzt lebt mein lieber guter Freund Alfred schon über ein Jahr mit so einem Frauerl zusammen und ich seh sie erst heut zum ersten Mal. – Eigentlich machen das ja sonst nur die eifersüchtigen Bosniaken, dass sie ihre Lieblingsweiber vor ihren besten Freunden wegsperren.

Bosniaken Bewohner Bosniens und der Herzegowina

Alfred Hier ist aber das Gegenteil der Fall. Nicht ich hab sie, sondern sie hat mich von meinen besten Freunden abgeriegelt –

Der Hierlinger Ferdinand *unterbricht ihn:* Wie heißt sie denn eigentlich?

Alfred Marianne.

Stille.

Gefällts dir?

Der Hierlinger Ferdinand Ich hab mir sie eigentlich anders vorgestellt.

Alfred Wieso?

Der Hierlinger Ferdinand Etwas molliger.

Alfred Noch molliger?

Der Hierlinger Ferdinand Ich weiß nicht, warum. Man macht sich ja unwillkürlich so Vorstellungen.

Stille.

Alfred Sie ist ganz schön mollig. Molliger als wie du denkst.

Stille.

Der Hierlinger Ferdinand Scheißlich, scheißlich! Also das war schon ein grandioser Blödsinn, dass du mit der verrückten Trafikantin gebrochen hast! Du wärst heute versorgt und ohne Sorgen!

Alfred Über die Vergangenheit zu plauschen hat keinen

Sinn! Hilf mir lieber, dass ich möglichst schmerzlos für alle Teile aus dieser unglückseligen Bindung herauskomm!

Der Hierlinger Ferdinand Das ist nicht so einfach. Ihr seid natürlich wirtschaftlich nicht auf Rosen gebettet.

Alfred Auf Dornen, lieber Ferdinand! Auf Dornen und Brennnesseln, wie der alte selige Hiob.

Hiob
→ Seite 217

Stille.

Der Hierlinger Ferdinand Wo steckt denn das Kind?

Alfred Bei meiner Mutter. Draußen in der Wachau. Endlich!

Der Hierlinger Ferdinand Das erleichtert natürlich die Lage. Ich würd halt jetzt danach trachten, dass sich deine liebe Mariann ad eins finanziell selbständig sichert – dass sie sich nämlich irgendwie in das Berufsleben einschaltet: Eine Geliebte mit Beruf unterhöhlt auf die Dauer bekanntlich jede Liebesverbindung, sogar die Ehe! Das ist doch auch ein Hauptargument unserer Kirche in ihrem Kampfe gegen die berufstätige Frau, weil eine solche halt familienzerstörend wirkt – und glaubst denn du, dass die Kardinäl dumm sind? Das sind die Besten der Besten, unsere fähigsten Köpf!

ad eins erstens

Alfred Das schon. Aber die Mariann hat doch nichts gelernt in puncto Berufsleben. Das einzige, wofür sie Interesse hat, ist die rhythmische Gymnastik.

Der Hierlinger Ferdinand Rhythmische Gymnastik ist immer gut!

Alfred Glaubst du?

Der Hierlinger Ferdinand Bestimmt!

Alfred Ich glaub, ich kann schon gar nicht mehr glauben.

Der Hierlinger Ferdinand Rhythmische Gymnastik ist zu guter Letzt nur eine Abart der Tanzerei – und da winkt uns vielleicht ein Stern. Ich kenne nämlich auf dem Gebiete der Tanzerei eine Baronin mit internationalen

Ballette hier: (Nackt-) Auftritte von Animiermädchen

Verbindungen und die stellt so Ballette zusammen für elegante Etablissements – das wären doch eventuell Entfaltungsmöglichkeiten! Abgesehen davon, dass mir diese Baronin sehr verpflichtet ist.

Alfred Ich wär dir ja ewig dankbar –

Der Hierlinger Ferdinand Ich bin dein Freund und das genügt mir! Weißt was, wenn ich jetzt gleich geh, dann erwisch ich die Baronin noch beim Bridge – also Servus, lieber Alfred! Sei so gut und leg den Schwarzen für mich aus! Und Kopf hoch, du hörst von mir, und es wird schon alles wieder gut! *Ab.*

Bridge Kartenspiel
den Schwarzen hier: den Kaffee

Alfred *nähert sich mit seinem Queue langsam Marianne und setzt sich an ihren Tisch.*

Marianne Wer hat denn gewonnen?

Alfred Ich habe verloren, weil ich halt Glück in der Liebe hab – *Er lächelt, starrt aber plötzlich auf ihren Hals.* Was hast denn dort?

Marianne Da? Das ist ein Amulett.

Alfred Was für ein Amulett.

Marianne Der heilige Antonius?

Alfred Der heilige Antonius – seit wann denn?
Stille.

Marianne Als ich noch klein gewesen bin, und wenn ich etwas verloren hab, dann hab ich nur gesagt: Heiliger Antonius, hilf mir doch! – Und schon hab ich es wieder gefunden.
Stille.

Alfred War das jetzt symbolisch?

Marianne Es war nur so überhaupt –
Stille.

Alfred Ich für meine Person glaub ja nicht an ein Fortleben nach dem Tode, aber natürlich glaub ich an ein höheres Wesen, das gibt es nämlich sicher, sonst gäbs uns ja nicht. – Hör mal her, du heiliger Antonius, ich hätt dir was eventuell Wichtiges zu erzählen. –

IV
Bei der Baronin mit den internationalen Verbindungen

Helene, die blinde Schwester der Baronin, sitzt im Salon am Spinett und fantasiert. Jetzt erscheint der Hierlinger Ferdinand mit Marianne, geleitet von dem Dienstbot.

Spinett **Tasteninstrument**
fantasiert **hier: improvisiert**

Helene *unterbricht ihre Fantasien:* Anna! Wer ist denn da?

Der Dienstbot Der gnädige Herr von Hierlinger und ein Fräulein. *Ab.*

Der Hierlinger Ferdinand Küss die Hand, Komtess!

Helene *erhebt sich und tappt auf ihn zu:* Ach guten Tag, Herr von Hierlinger! Das freut mich aber, dass wir uns wiedermal sehen –

Komtess **unverheiratete Gräfin, Comtesse**

Der Hierlinger Ferdinand Ganz meinerseits, Komtess! Ist die Baronin da?

Helene Ja, meine Schwester ist zu Haus, sie hat aber grad mit dem Installateur zu tun – ich hab nämlich neulich etwas Unrechtes in den Ausguss geworfen, und jetzt ist alles verstopft – wen habens denn da mitgebracht, Herr von Hierlinger?

Der Hierlinger Ferdinand Das ist eine junge Dame, die ein starkes Interesse an der rhythmischen Gymnastik hat – ich hab sie der Baronin bereits avisiert. Darf ich bekannt machen –

avisiert **angekündigt**

Helene *unterbricht ihn:* Oh, sehr angenehm! Ich kann Sie ja leider nicht sehen, aber Sie haben eine sympathische Hand. – So lassens mir doch Ihre Hand, Sie Fräulein mit der Hand –

exorbitant außerordentlich
Handlesen → Seite 217

Der Hierlinger Ferdinand Die Komtess Helen kann nämlich ganz exorbitant Handlesen.

Stille.

Marianne Was hab ich denn für eine Hand?

Helene *hält noch immer ihre Hand fest:* Das ist nicht so einfach, liebes Kind, wir Blinden müssen uns nämlich nach dem Tastgefühl orientieren. – Sie haben noch nicht viel hinter sich, mehr vor sich –

Marianne Was denn?

Baronin *mit kosmetischer Gesichtsmaske tritt unbemerkt ein und lauscht.*

Helene Ich möcht fast sagen, das ist eine genießerische Hand. – Sie haben doch auch ein Kind, nicht?

Marianne Ja.

Der Hierlinger Ferdinand Fabelhaft! Fabelhaft!

Helene Bub oder Mädel?

Marianne Bub.

Stille.

Helene Ja, Sie werden noch viel Freud haben mit dem Buben – der wird schon noch was Richtiges –

Marianne *lächelt:* Wirklich?

Baronin Helen! Was treibst denn da schon wieder für einen Unsinn! Bist doch keine Zigeunerin! Schau lieber, dass du nicht wieder das Klosett verstopfst, mein Gott, ist das da draußen eine Schweinerei! Du und Handlesen! Ist ja paradox! *Sie nimmt die Gesichtsmaske ab.*

Helene O, ich hab meine Ahnungen!

Baronin Hättest du lieber eine Ahnung gehabt in puncto Klosett! Die Schweinerei kostet mich wieder fünf Schilling! Wer lebt denn da, wer lebt denn da?! Ich von dir oder du von mir?!

Stille.

Baronin Also lieber Hierlinger, das wäre also das Fräulein, über das wir vorgestern telefoniert haben.

Der Hierlinger Ferdinand Das wäre es. *Leise.* Und bittschön: Gefälligkeit gegen Gefälligkeit.

Baronin *droht ihm neckisch mit dem Zeigefinger:* Kleine Erpressung gefällig?

Der Hierlinger Ferdinand Der Zeigefinger hat mir nicht gefallen, der Zeigefinger –

Baronin Ein Ehrenmann – *Sie lässt ihn giftig stehen und geht nun um Marianne herum – betrachtet sie von allen Seiten.* Hm. Sagen Sie, Fräulein, Sie haben also starkes Interesse an der rhythmischen Gymnastik?

Marianne Ja.

Baronin Und Sie möchten dieses Ihr vorhandenes Interesse praktisch auswerten?

Marianne Ja.

Baronin Können Sie singen?

Marianne Singen?

Baronin Ich geh von dem Grundsatz aus, dass es ein Nichtkönnen nicht gibt. Man kann alles, wenn man nur will! Die Tanzgruppen, die ich zusammenstell, sind internationale Attraktionen für erstklassige Vergnügungsetablissements. Sie können also nicht singen?

Marianne Leider –

Baronin Habens denn in der Schul nicht singen gelernt?

Marianne Das schon.

Baronin Na also! Ich möcht doch nur Ihre Stimm hören! Kennens denn kein Wienerlied, Sie sind doch Wienerin – irgendein Heimatlied –

Marianne Vielleicht das Lied von der Wachau?

Baronin Also schön! Los! Das Lied von der Wachau!

Marianne *singt – am Spinett: Helene:*

Es kam einst gezogen ein Bursch ganz allein
Und wanderte froh in den Abend hinein.
Da flog ein Lächeln ihm zu und ein Blick.
Er dachte noch lange daran zurück.
Ein rosiges Antlitz, ein goldener Schopf,
Zwei leuchtende Augen, ein Mädchenkopf.
Das Mädel, das ging ihm nicht mehr aus dem Sinn,
Und oft sang er vor sich hin:
    Da draußen in der Wachau
    Die Donau fließt so blau,
    Steht einsam ein Winzerhaus,
    Da schaut ein Mädel heraus.
    Hat Lippen rot wie Blut,
    Und küssen kanns so gut,
    Die Augen sind veilchenblau
    Vom Mädel in der Wachau.

V
Draußen in der Wachau

Auch hier scheint die Sonne wie dazumal – nur dass nun vor dem Häuschen ein alter Kinderwagen steht.

Die Mutter *zu Alfred:* Er sieht dir sehr ähnlich, der kleine Leopold – und schreit auch nicht viel. Auch du warst so ein sanftes Kind.

Alfred Ich freu mich nur, dass ich ihn nicht in Wien hab. Hier heraußen in der guten Luft wird er besser gedeihen, als wie drinnen in unserer Kasern.

Kasern hier: Mietskaserne

Die Mutter Tritt die Mariann jetzt schon auf beim Ballett?

Alfred Nein, erst ab nächsten Samstag.

Stille.

Die Mutter *besorgt:* Du hast mal gesagt, wenn du ein Kind hast, dann würdest du heiraten. Ist das noch so?

Alfred Du hast mal gesagt, ich könnt eine gute Partie machen. *Stille.*

Die Mutter Natürlich ist das kein Glück, diese Verbindung.

Alfred Könnt ich jetzt mal die liebe Großmutter sprechen?

Die Mutter Ich werds ihr gleich sagen – ich muss jetzt sowieso noch in den Keller. *Ab in das Häuschen.*

Alfred *allein; er beugt sich über den Kinderwagen und betrachtet sein Kind.*

Die Großmutter *tritt aus dem Häuschen:* Der Herr wünschen?

Alfred Hast es dir nun überlegt?

Die Großmutter Ich hab kein Geld. Solang du mit der Person zusammenlebst, hab ich kein Geld! Lebt sich da in wilder Ehe zusammen, wie in einem Hundestall, setzt Bankerten in die Welt, die nur anderen zur Last fallen, und schämt sich nicht, von seiner alten Großmutter noch Geld zu verlangen! Keinen Kreuzer! Keinen Kreuzer!

Bankert **uneheliches Kind**

Kreuzer **österr. Münze**

Alfred Letztes Wort?

Die Großmutter Hundestall! Hundestall!

Alfred Du alte Hex.

Stille.

Die Großmutter Was hast du gesagt?

Alfred *schweigt.*

Die Großmutter Traust es dir noch einmal zu sagen?

Alfred Warum nicht?

Die Großmutter So Sags doch!

Alfred Hex. Alte Hex.

Die Großmutter *nähert sich ihm langsam und kneift ihn in den Arm.*

Alfred *lächelt:* Wie bitte?

Die Großmutter *kneift ihn:* Na wart, du wirst es schon noch spüren! Da und da und da!

Alfred *schüttelt sie ab, da er nun tatsächlich was spürt:* Um mir weh zu tun, dazu gehören Leut, aber keine Frösch!

Haderlump Nichtsnutz, Taugenichts

Die Großmutter *weint vor Wut:* Gib mir mein Geld zurück, du Schuft! Mein Geld möcht ich haben, Haderlump, Verbrecher!

Alfred *lacht.*

Die Großmutter *kreischt:* Lach nicht! *Sie versetzt ihm einen Hieb mit ihrem Krückstock.*

Alfred Au!

Stille.

Die Großmutter *grinst befriedigt:* Hast mich gespürt? Hast mich jetzt gespürt?

Alfred Du Hex. Du alte Hex.

Die Großmutter *hebt triumphierend den Krückstock.*

Alfred Untersteh dich!

Die Großmutter Hab nur keine Angst – du dummer Bub. Oh, ich krieg dich schon noch runter – ich krieg meine Leut schon noch runter. – Eieiei, da hängt dir ja schon wieder ein Knopf – wie kann man sich nur mit so einer schlamperten Weibsperson –

schlampert unordentlich, verkommen

Alfred *unterbricht sie:* Also schlampen ist sie nicht!

Stille.

Die Großmutter Sie hat einen viel zu großen Mund.

Alfred Geschmacksach!

Die Großmutter Wart, ich näh dir jetzt nur den Knopf an – *Sie näht ihn an.* Was brauchst du überhaupt eine Frau, so wie deine alte Großmutter wird dir keine den Knopf annähen – bist es ja gar nicht wert, dass man sich um dich sorgt – schafft sich mit dem Bettelweib auch noch ein Kind an, ein Kind!

Alfred Aber das kann doch vorkommen.

Die Großmutter So ein Leichtsinn, so ein Leichtsinn!

Alfred Du weißt doch, dass ich alle Hebel in Bewegung gesetzt hab – aber es sollte halt nicht sein.

Stille.

Die Großmutter Bist ein armer Teufel, lieber Alfred –

Alfred Warum?

Die Großmutter Dass du immer solchen Weibern in die Händ fallen musst –

Stille.

Die Großmutter Du, Alfred, wenn du dich jetzt von deinem Marianderl trennst, dann tät ich dir was leihen –

Stille.

Alfred Wieso?

Die Großmutter Hast mich denn nicht verstanden?

Stille.

Alfred Wie viel?

Die Großmutter Bist doch noch jung und schön –

Alfred *deutet auf den Kinderwagen:* Und das dort?

Die Großmutter An das denk jetzt nicht. Fahr nur mal fort –

Stille.

Alfred Wohin?

Die Großmutter Nach Frankreich. Dort gehts jetzt noch am besten, hab ich in der Zeitung gelesen. – Wenn ich jung wär, ich tät sofort nach Frankreich –

Nach Frankreich **Gemeint ist die Dritte Republik (1870–1940) unter dem Ministerpräsidenten Raymond Poincaré.**

VI

Und wieder in der stillen Straße im achten Bezirk

Es ist bereits am späten Nachmittag und die Realschülerin im zweiten Stock spielt den »Frühlingsstimmen-Walzer« von Johann Strauß.

Oskar *steht in der Tür seiner Fleischhauerei und manikürt sich mit seinem Taschenmesser.*

Rittmeister *kommt von links und grüßt Oskar.*

Oskar *verbeugt sich.*

Rittmeister Also das muss ich schon sagen: die gestrige Blutwurst – Kompliment! First class!

Oskar Zart, nicht?

Rittmeister Ein Gedicht. *Er nähert sich der Tabak-Trafik.*

Valerie *erscheint in der Tür ihrer Tabak-Trafik.*

Rittmeister *grüßt.*

Valerie *dankt.*

Rittmeister Dürft ich mal die Ziehungsliste?

Valerie *reicht sie ihm aus dem Ständer vor der Tür.*

Rittmeister Küss die Hand! *Er vertieft sich in die Ziehungsliste und nun ist der Walzer aus.*

Zauberkönig *begleitet die gnädige Frau aus der Puppenklinik.*

Die gnädige Frau Ich hatte hier schon mal Zinnsoldaten gekauft, voriges Jahr – aber damals ist das ein sehr höfliches Fräulein gewesen.

Zauberkönig *mürrisch:* Möglich.

Die gnädige Frau Das Fräulein Tochter?

Zauberkönig Ich habe keine Tochter! Ich hab noch nie eine Tochter gehabt!

Die gnädige Frau Schad. Also Sie wollen mir die Schachtel Zinnsoldaten nicht nachbestellen?

Zauberkönig Ich hab das Ihnen doch schon drinnen gesagt, dass mir diese Nachbestellerei viel zu viel Schreiberei macht – wegen einer einzigen Schachtel! Kaufens doch dem herzigen Bams was ähnliches! Vielleicht eine gediegene Trompeten!

Bams abwertende Bezeichnung für ein kleines Kind

Die gnädige Frau Nein! Adieu! *Sie lässt ihn verärgert stehen und ab.*

Zauberkönig Küss die Hand! Krepier! *Ab in seine Puppenklinik.*

Valerie *boshaft:* Was haben wir denn wieder gewonnen, Herr Rittmeister?

Erich *tritt aus der Tabak-Trafik und will rasch ab.*

Valerie Halt! Was hast du da?

Erich Fünf Memphis.

Valerie Schon wieder? Raucht wie ein Erwachsener!

Rittmeister und Oskar *horchen.*

Erich *gedämpft:* Wenn ich nicht rauche, kann ich nicht arbeiten. Wenn ich nicht arbeite, werde ich niemals Referendar – und wenn ich das nicht werde, dann werde ich wohl kaum jemals in die Lage kommen, meine Schulden rückerstatten zu können.

Valerie Was für Schulden?

Erich Das weißt du! Ich bin korrekt, Madame.

Valerie Korrekt? Du willst mir schon wieder weh tun?

Erich Weh tun? Ehrensache! Ich zahle meine Schulden bis auf den letzten Pfennig – und wenn ich hundert Jahr zahlen müsste! Wir lassen uns nichts nachsagen, Ehrensache! Ich muss jetzt ins Kolleg! *Ab.*

Valerie *starrt ihm nach:* Ehrensache. Bestie –

Rittmeister und Oskar *grinsen, jeder für sich.*

Rittmeister *revanchiert sich boshaft:* Und wie gehts ansonsten, liebe Frau Valerie?

Erich *erscheint plötzlich wieder; zum Rittmeister:* Sie haben zuvor gegrinst? Herr!

Valerie *ängstlich:* Kennen sich die Herren schon?

Rittmeister Vom Sehen aus –

Erich Sie sind Österreicher? Fesch, aber feig!

Valerie Erich!

Rittmeister Was hat er gesagt?

Erich Ich habe gesagt, dass die Österreicher im Krieg schlappe Kerle waren und wenn wir Preußen nicht gewesen wären –

Rittmeister *fällt ihm ins Wort:* Dann hätten wir überhaupt keinen Krieg gehabt!

Erich Und Sarajevo? Und Bosnien-Herzegowina?

Memphis österr. Zigarettenmarke

Kolleg akademische Vorlesung; Bildungseinrichtung

Sarajevo → Seite 217
Bosnien-Herzegowina → Seite 217

Rittmeister Was wissen denn Sie schon vom Weltkrieg, Sie Grünschnabel?! Was Sie in der Schul gelernt haben und sonst nichts!

Erich Ist immer noch besser, als alten Jüdinnen das Bridgespiel beizubringen!

Valerie Erich!

Rittmeister Ist immer noch besser, als sich von alten Trafikantinnen aushalten zu lassen!

Valerie Herr Rittmeister!

Rittmeister Pardon! Das war jetzt ein Fauxpas! Ein Lapsus linguae – *Er küsst ihre Hand.* Bedauerlich, sehr bedauerlich. Aber dieser grüne Mensch da hat in seinem ganzen Leben noch keine fünf Groschen selbständig verdient!

Erich Herr!

Valerie Nur kein Duell, um Gottes willen!

Erich Satisfaktionsfähig wären Sie ja.

Rittmeister Wollen Sie vors Ehrengericht?

Valerie Jesus Maria Josef!

Erich Ich lass mich doch nicht beleidigen!

Rittmeister Mich kann man gar nicht beleidigen! Sie nicht!

Valerie Aber ich bitt euch! Nein, dieser Skandal – *Schluchzend ab in ihre Tabak-Trafik.*

Rittmeister Ich lass mir doch von diesem Preußen keine solchen Sachen sagen. Wo waren denn Ihre Hohenzollern, als unsere Habsburger schon römisch-deutsche Kaiser waren?! Draußen im Wald!

Erich Jetzt ist es ganz aus. *Ab.*

Rittmeister *ruft ihm nach:* Da habens zwanzig Groschen und lassen Sie sich mal den Schopf abschneiden, Sie Kakadu! *Er kehrt um und will leger nach links ab – hält aber nochmals vor der Fleischhauerei; zu Oskar.* Apropos, was ich noch hab sagen wollen: Sie schlachten doch heut noch die Sau?

Fauxpas (franz.) Verstoß gegen gesellschaftliche Regeln
Lapsus linguae (lat.) Sprachfehler, Versprecher
grüne Mensch noch unreifer Mensch
satisfaktionsfähig → Seite 217
Hohenzollern → Seite 217
Habsburger → Seite 217

Oskar Ich habs vor, Herr Rittmeister.

Rittmeister Geh, reservierens für mich ein schönes Stückerl Nieren –

Oskar Aber gern, Herr Rittmeister!

Rittmeister Küss die Hand! *Ab nach links – und nun spielt die Realschülerin im zweiten Stock wieder, und zwar den Walzer »Über den Wellen«.*

Alfred *kommt langsam von links.*

Oskar *wollte zurück in seine Fleischhauerei, erblickt nun aber Alfred, der ihn nicht bemerkt, und beobachtet ihn heimlich.*

Alfred *hält vor der Puppenklinik und macht in Erinnerung – dann stellt er sich vor die offene Tür der Tabak-Trafik und starrt hinein.*

Pause.

Alfred *grüßt.*

Pause.

Valerie *erscheint langsam in der Tür – und der Walzer bricht wieder ab, wieder mitten im Takt.*

Stille.

Alfred Könnt ich fünf Memphis haben?

Valerie Nein.

Stille.

Alfred Das ist aber doch hier eine Tabak-Trafik – oder?

Valerie Nein.

Stille.

Alfred Ich komm jetzt hier nur so vorbei, per Zufall –

Valerie Ach!

Alfred Ja.

Stille.

Valerie Und wie geht es dem Herrn Baron?

Alfred So lala.

Valerie Und dem Fräulein Braut?

Alfred Auch lala.

Valerie Ach!

Stille.

unberufen hier: Und bei dir ist alles in Ordnung?

Alfred Und dir gehts unberufen?

Valerie Man hat, was man braucht.

Alfred Alles?

Valerie Alles. Er ist Jurist.

Alfred Und so was wird mal Advokat.

Valerie Bitte?

Alfred Ich gratulier.

Stille.

Valerie Wo steckt denn die arme Mariann?

Alfred Ich werd sie wohl aus den Augen verlieren –

Stille.

Valerie Also du bist schon ein grandioser Schuft, das muss dir dein größter Feind lassen.

Wer unter euch … Zitat nach Joh. 8,7

Alfred Valerie. Wer unter euch ohne Sünden ist, der werfe den ersten Stein auf mich.

Valerie Bist du krank?

Alfred Nein. Nur müd. Und gehetzt. Man ist ja nicht mehr der Jüngste.

Valerie Seit wann denn?

Alfred Ich fahr noch heut Abend nach Frankreich. Nach Nancy. Ich denk nämlich, dass ich dort vielleicht was Passenderes für mich bekommen werd, in der Speditionsbranche – hier müsst ich heut nämlich zu sehr unter mein Niveau herunter.

Valerie Und was machen denn die Pferdchen?

Alfred Keine Ahnung! Und dann fehlt mir auch das Kapital –

Stille.

Valerie Wenn ich Zeit hab, werd ich dich bedauern.

Alfred Möchst, dass es mir schlecht geht?

Valerie Gehts dir denn rosig?

Alfred Möchst das hören?

Stille.

Alfred Ich bin jetzt hier nur so vorbeigegangen, per Zufall – so aus einer wehmütigen Melancholie heraus – an die Stätten der Vergangenheit – *Ab – und nun wird der Walzer »Über den Wellen« wieder weitergespielt.*

Valerie *erblickt Oskar:* Herr Oskar! Jetzt ratens doch mal, mit wem ich grad dischkuriert hab?

Oskar Ich hab ihn gesehen.

Valerie So? Es geht ihnen schlecht.

Oskar Ich hab alles gehört.

Pause.

Valerie Noch ist er stolz wie ein Spanier –

Oskar Hochmut kommt vor dem Fall. – Arme Mariann –

Valerie Mir scheint gar, Sie sind imstand und heiraten noch die Mariann, jetzt nachdem sie wieder frei ist –

Oskar Wenn sie das Kind nicht hätt –

Valerie Wenn mir jemand das angetan hätt –

Oskar Ich hab sie noch immer lieb – vielleicht stirbt das Kind –

Valerie Herr Oskar!

Oskar Wer weiß! Gottes Mühlen mahlen langsam, mahlen aber furchtbar klein. Ich werd an meine Mariann denken – ich nehme jedes Leid auf mich, wen Gott liebt, den prüft er. – Den straft er. Den züchtigt er. Auf glühendem Rost, in kochendem Blei –

Valerie *schreit ihn an:* Hörens auf, seiens so gut!

Oskar *lächelt.*

Havlitschek *kommt aus der Fleischhauerei:* Also was ist jetzt? Soll ich jetzt die Sau abstechen oder nicht?

Oskar Nein, Havlitschek. Ich werd sie jetzt schon selber abstechen, die Sau –

Jetzt läuten die Glocken.

dischkuriert diskutiert

stolz wie ein Spanier nach Friedrich Schillers dramatischem Gedicht »Don Karlos« (1787)

Hochmut kommt vor dem Fall nach Sprüche 16,18

Gottes Mühlen nach einem Gedicht von Friedrich von Logau (1604–1655)

Wen Gott liebt, den prüft er nach Sprüche 3, 12

VII

Im Stephansdom

Stephansdom Wiener Dom, dem Heiligen Stephanus geweiht

Vor dem Seitenaltar des heiligen Antonius. Marianne beichtet. Die Glocken verstummen und es ist sehr still auf der Welt.

Beichtvater Also rekapitulieren wir: Du hast deinem armen alten Vater, der dich über alles liebt und der doch immer nur dein Bestes wollte, schmerzlichstes Leid zugefügt, Kummer und Sorgen, warst ungehorsam und undankbar – hast deinen braven Bräutigam verlassen und hast dich an ein verkommenes Subjekt geklammert, getrieben von deiner Fleischeslust – still! Das kennen wir schon! Und so lebst du mit jenem erbärmlichen Individuum ohne das heilige Sakrament der Ehe schon über das Jahr, und in diesem grauenhaften Zustand der Todsünde hast du dein Kind empfangen und geboren – wann?

Todsünde → Seite 217

Marianne Vor acht Wochen.

Beichtvater Und du hast dieses Kind der Schande und der Sünde nicht einmal taufen lassen. – Sag selbst: kann denn bei all dem etwas Gutes herauskommen? Nie und nimmer! Doch nicht genug! Du bist nicht zurückgeschreckt und hast es sogar in deinem Mutterleib töten wollen –

Marianne Nein, das war er! Nur ihm zulieb hab ich mich dieser Prozedur unterzogen!

Beichtvater Nur ihm zulieb?

Marianne Er wollte doch keine Nachkommen haben, weil die Zeiten immer schlechter werden und zwar voraussichtlich unabsehbar – aber ich – nein, das brennt mir in der Seele, dass ich es hab abtreiben wollen, ein jedesmal, wenn es mich anschaut –

Stille.

Beichtvater Ist das Kind bei euch?

Marianne Nein.

Beichtvater Sondern?

Marianne Bei Verwandten. Draußen in der Wachau.

Beichtvater Sind das gottesfürchtige Leut?

Marianne Gewiss.

Stille.

Beichtvater Du bereust es also, dass du es hast töten wollen?

Marianne Ja.

Beichtvater Und auch, dass du mit jenem entmenschten Subjekt in wilder Ehe zusammenlebst?

Stille.

Marianne Ich dachte mal, ich hätte den Mann gefunden, der mich ganz und gar ausfüllt. –

Beichtvater Bereust du es?

Stille.

Marianne Ja.

Beichtvater Und dass du dein Kind im Zustand der Todsünde empfangen und geboren hast – bereust du das?

Stille.

Marianne Nein. Das kann man doch nicht –

Beichtvater Was sprichst du da?

Marianne Es ist doch immerhin mein Kind –

Beichtvater Aber du –

Marianne *unterbricht ihn:* Nein, das tu ich nicht. – Nein, davor hab ich direkt Angst, dass ich es bereuen könnt. – Nein, ich bin sogar glücklich, dass ich es hab, sehr glücklich –

Stille.

Beichtvater Wenn du nicht bereuen kannst, was willst du dann von deinem Herrgott?

Marianne Ich dachte, mein Herrgott wird mir vielleicht etwas sagen –

Du bereust es also **Reue und Buße sind die Voraussetzungen für die Vergebung der Sünde**

Beichtvater Du kommst also nur dann zu ihm, wenn es dir schlecht geht?

Marianne Wenn es mir gut geht, dann ist Er ja bei mir – aber nein, das kann Er doch nicht von mir verlangen, dass ich das bereu – das war ja wider jede Natur –

Beichtvater So geh! Und komme erst mit dir ins Reine, ehe du vor unseren Herrgott trittst. – *Er schlägt das Zeichen des Kreuzes.*

Marianne Dann verzeihen Sie. – *Sie erhebt sich aus dem Beichtstuhl, der sich nun auch in der Finsternis auflöst – und nun hört man das Gemurmel einer Litanei; allmählich kann man die Stimme des Vorbeters von den Stimmen der Gemeinde unterscheiden; Marianne lauscht – die Litanei endet mit einem Vaterunser; Marianne bewegt die Lippen. Stille.*

Litanei
→ Seite 218

Marianne Amen.

Stille.

Marianne Wenn es einen lieben Gott gibt – was hast du mit mir vor, lieber Gott? – Lieber Gott, ich bin im achten Bezirk geboren und hab die Bürgerschul besucht, ich bin kein schlechter Mensch – hörst du mich? – Was hast du mit mir vor, lieber Gott? –

Bürgerschul
→ Seite 218

Stille.

Ende des zweiten Teiles

Dritter Teil

I
Beim Heurigen

Heuriger
→ Seite 218

Mit Schrammelmusik und Blütenregen. Große weinselige Stimmung – und mittendrunterdrin der Zauberkönig, Valerie und Erich.

Schrammelmusik **volkstümliche Wiener Musik (Gitarre, Ziehharmonika, zwei Geigen)**

Alles singt:

Da draußen in der Wachau
Die Donau fließt so blau,
Steht einsam ein Winzerhaus,
Da schaut ein Mädel heraus.
Hat Lippen rot wie Blut,
Und küssen kanns so gut,
Die Augen sind veilchenblau
Vom Mädel in der Wachau.

Es wird ein Wein sein,
Und wir werden nimmer sein.
Es wird schöne Madeln geben,
Und wir werden nimmer leben –

Jetzt wirds einen Augenblick totenstill beim Heurigen – aber dann singt wieder alles mit verdreifachter Kraft.

Drum gehn wir gern nach Nußdorf naus,
Da gibts a Hetz, a Gstanz,
Da hörn wir ferne Tanz,
Da lass ma fesche Jodler naus
Und gengan in der Fruah
Mitn Schwomma zhaus, mitn Schwomma zhaus!

Hetz **Spaß**
Gstanz **Spaß**
Schwomma **Schwips**

Radetzkymarsch Marsch von Joseph Strauß Vater (1804–1849)
benebelt betrunken
Putten Brüste
Waserl schüchtern, furchtsamer Mensch

Begeisterung; Applaus; zwischen den Tischen wird getanzt, und zwar auf den Radetzkymarsch. – Alles ist nun schon ziemlich benebelt.

Zauberkönig Bravo, bravissimo! Heut bin ich wieder der alte! Da capo, da capo! *Er greift einem vorübertanzenden Mädchen auf die Brüste.*

Der Kavalier des Mädchens *schlägt ihm auf die Hand:* Hand von der Putten!

Das Mädchen Das sind doch meine Putten!

Zauberkönig Putten her, Putten hin! Ein jeder Erwachsene hat seine Sorgen, und heut möcht ich alles vergessen! Heut kann mich die ganze Welt!

Erich Mal herhören, Leute! Ich gestatte mir hiermit auf den famosen Wiener Heurigen ein ganz exorbitantes Heil – *Er verschüttet seinen Wein.*

Valerie Nicht so stürmisch, junger Mann! Meiner Seel, jetzt hat er mich ganz bespritzt!

Erich Aber das kann doch vorkommen! Ehrensache!

Zauberkönig Hat er dich naßgemacht? Armes Waserl!

Valerie Durch und durch – bis auf die Haut.

Zauberkönig Bis auf deine Haut –

Valerie Bist du a schon narrisch?

Erich Stillgestanden! *Er knallt die Hacken zusammen und steht still.*

Zauberkönig Was hat er denn?

Valerie Das bin ich schon gewöhnt. Wenn er sich besoffen hat, dann kommandiert er sich immer selber.

Zauberkönig Wie lang dass der so still stehen kann. – Stramm! Sehr stramm! Respekt! Es geht wieder aufwärts mit uns! *Er fällt unter den Tisch.*

Valerie Jesus Maria!

Zauberkönig Der Stuhl ist zerbrochen – einen anderen Stuhl, Herr Ober! He, einen anderen Stuhl!! *Er singt mit der*

Musik. Ach, ich hab sie ja nur auf die Schulter geküsst – und schon hab ich den Patsch verspürt mit dem Fächer ins Gesicht –

Der Ober *bringt nun eine Riesenportion Salami.*

Valerie Salami, Erich! Salami!

Erich Division! Rührt euch! *Er langt mit der Hand in die Schüssel und frisst exorbitant.*

Zauberkönig Wie der frisst!

Valerie Gesegnete Mahlzeit!

Zauberkönig Friss nicht so gierig!

Valerie Er zahlts ja nicht!

Zauberkönig Und singen kann er auch nicht!

Pause.

Valerie *zu Erich:* Warum singst du eigentlich nicht?

Erich *mit vollem Munde:* Weil ich doch an meinem chronischen Rachenkatarrh leide!

Valerie Das kommt vom vielen Rauchen!

Erich *brüllt sie an:* Schon wieder?!

Rittmeister *taucht auf; mit einem Papierhütchen und in gehobener Stimmung:* Küss die Hand, schöne Frau Valerie! A, das ist aber ein angenehmer Zufall! Habe die Ehre, Herr Zauberkönig!

Zauberkönig Prost, Herr Rittmeister! Prost, lieber Herr von Rittmeister. – *Er leert sein Glas und verfällt in wehmütigen Stumpfsinn.*

Valerie Darf ich Ihnen etwas von meiner Salami, Herr Rittmeister?

Erich *bleibt der Brocken im Munde stecken; er fixiert gehässig den Rittmeister.*

Rittmeister Zu gütig, küss die Hand! Danke nein, ich kann unmöglich mehr – *Er steckt sich zwei dicke Scheiben in den Mund.* Ich hab heut nämlich schon zweimal genachtmahlt, weil ich Besuch hab – ich sitz dort hinten in der

Ach, ich hab sie ja nur … **aus der Operette »Der Bettelstudent« von Carl Millöcker (1842–1899)**

exorbitant **maßlos, übertrieben**

genachtmahlt **zu Abend gegessen**

Gesellschaft. Ein Jugendfreund meines in Sibirien vermissten Bruders – ein Amerikaner.

Valerie Also ein Mister!

Rittmeister Aber ein geborener Wiener! Zwanzig Jahr war der jetzt drüben in den Staaten, nun ist er zum ersten Mal wieder auf unserem Kontinent. Wie wir heut Vormittag durch die Hofburg gefahren sind, da sind ihm die Tränen in den Augen gestanden. – Er ist ein Selfmademan. Selbst ist der Mann!

Hofburg → Seite 218
Selfmademan **jemand, der sich aus eigener Kraft emporarbeitet**

Valerie Oh, Sie Schlimmer!

Rittmeister Ja. Und jetzt zeig ich ihm sein Wien – schon den zweiten Tag – wir kommen aus dem Schwips schon gar nicht mehr raus –

Valerie Stille Wasser sind tief.

Rittmeister Nicht nur in Amerika.

Erich *scharf:* Tatsächlich?

Pause.

Valerie *nähert sich Erich:* Dass du parierst – und halts Maul, sonst schmier ich dir eine. – Wenn du schon meine Salami frisst, dann kannst du mir auch entgegenkommen –

parieren **gehorchen**

Erich Diese Randbemerkung ehrt Ihre niedrige Gesinnung, Gnädigste!

Valerie Bleib!

Erich Stillgestanden! Division –

Valerie Halt!

Erich Division – marsch! *Ab.*

Valerie *ruft ihm nach:* Herstellt euch! Herstellt euch!

Totenstille.

Rittmeister Wer ist denn das überhaupt?

Valerie *tonlos:* Das ist eine ganze Division. Ich werd ihn wohl bald ganz lassen – ich sehs schon direkt wieder kommen – und dann ist er mit dem dort – *sie deutet auf den Zauberkönig* – entfernt verwandt –

Jetzt gibts wieder Musik.

Rittmeister Apropos verwandt. – Sagens mal, Frau Valerie, finden Sie das für in Ordnung, wie Seine Majestät der Herr Zauberkönig das Fräulein Mariann behandelt – ich versteh so was nicht. Wenn ich Großpapa wär – und abgesehen davon, ma kann doch leicht straucheln. Aber dann direkt verkommen lassen –

Valerie Wissen Sie was Näheres, Herr Rittmeister?

Rittmeister Ich hab mal eine Frau Oberst gehabt, das heißt: das ganze Regiment hat sie gehabt – was sag ich da?! Sie war die Frau unseres Obersten – und der Oberst hatte ein uneheliches Kind mit einer vom Varieté, aber die Frau Oberst hat es in ihr Haus genommen, als wärs ihr eigen Fleisch und Blut, weil sie halt unfruchtbar war. – Aber wenn man daneben dieses zauberkönigliche Verhalten dort drüben betrachtet – na Servus!

Valerie Ich versteh Sie nicht, Herr Rittmeister. Was hat denn die Frau Oberst mit der Mariann zu tun?

Rittmeister Wir verstehen uns alle nicht mehr, liebe Frau Valerie! Oft verstehen wir uns schon selber nicht mehr.

Valerie Wo steckt denn die Mariann?

Rittmeister *lächelt geheimnisvoll:* Das wird man schon noch mal offiziell bekanntgeben – im geeigneten Moment.

Der Mister *erscheint; er ist besoffen:* Oh lieber guter Freund – was seh ich da? Gesellschaft? Freunde? Stell mich vor, bitte. – Du lieber guter Freund. – *Er umarmt den Rittmeister.*

Zauberkönig *erwacht aus seinem Stumpfsinn:* Wer ist denn das?

Rittmeister Das ist mein lieber Mister aus Amerika!

Der Mister Amerika! New York! Chicago und Sing-Sing! – Äußerlich ja, aber da drinnen klopft noch das alte biedere treue goldene Wiener Herz, das ewige Wien – und die

straucheln scheitern, auf Abwege geraten

Frau Oberst → Seite 218

na Servus nein, danke!

Sing-Sing berühmtes amerik. Staatsgefängnis nördl. von New York

Wachau – und die Burgen an der blauen Donau. – *Er summt mit der Musik.* Donau so blau, so blau, so blau –

Alle *summen mit und wiegen sich auf den Sitzgelegenheiten.*

Der Mister Meine Herrschaften, es hat sich vieles verändert in der letzten Zeit, Stürme und Windhosen sind über die Erde gebraust, Erdbeben und Tornados, und ich hab ganz von unten anfangen müssen, aber hier bin ich zhaus, hier kenn ich mich aus, hier gefällt es mir, hier möcht ich sterben! Oh du mein lieber altösterreichischer Herrgott aus Mariazell!

zhaus zu Hause

Mariazell österreichischer Wallfahrtsort

Er singt.

Mein Muatterl war a Wienerin,
Drum hab ich Wien so gern.
Sie wars, die mit dem Leben mir
Die Liebe hat gegeben
Zu meinem anzigen goldenen Wean!

anzigen einzigen

Alles *singt:*

Wien, Wien, nur du allein
Sollst stets die Stadt meiner Träume sein,
Dort, wo ich glücklich und selig bin,
Ist Wien, ist Wien, mein Wien!

Der Mister Wien soll leben! Die Heimat! Und die schönen Wiener Frauen! Und der Heimatgedanke! Und wir Wiener sollen leben – alle, alle!

Alle Hoch! Hoch! Hoch!

Allgemeines Saufen.

Zauberkönig *zu Valerie:* Und die schönen Wiener Frauen, du stattliche Person – dich hätt ich heiraten sollen, mit dir hätt ich ein ganz ein anderes Kind gekriegt –

Valerie Red nicht immer von Irene! Ich hab sie nie ausstehen können!

Der Mister Wer ist Irene?

Zauberkönig Irene war meine Frau.

Der Mister Oh, Pardon!

Zauberkönig Oh, bitte – und warum soll ich denn nicht auf die Iren schimpfen? Bloß weil sie schon tot ist? Mir hat sie das ganze Leben verpatzt!

Valerie Du bist ein dämonischer Mensch!

Zauberkönig *singt:*

Mir ist mei Alte gstorbn,
Drum ist mirs Herz so schwer.
A so a gute Seel
Krieg ich nöt mehr,
Muss so viel wana,
Das glaubt mir kana,
Dass ich mich kränk,
Wenn ich an mei Alte denk! Hallo!

wana weinen

Der Mister *schnellt empor:* Hallo! Hallo! Wenn mich nicht alles täuscht, so fängt es jetzt an zu regnen! Aber wir lassen uns vom Wetter nichts dreinreden! Heut wird noch gebummelt und wenns Schusterbuben regnen sollte! Wir lassen und lassen uns das nicht gefallen! *Er droht mit dem Zeigefinger nach dem Himmel.* Oh du regnerischer Himmelvater du! Darf ich euch alle einladen? Alle, alle!!

wenns Schusterbuben regnen sollte wenn es stark regnen sollte

Alle Bravo, bravo!

Der Mister Also auf! Vorwärts! Mir nach!

Valerie Wohin?

Der Mister Irgendwohin! Wo wir einen Plafond über uns haben! Wo wir nicht so direkt unterm Himmel sitzen! Ins Moulin-bleu!

Starker Applaus.

Plafond Zimmerdecke

Moulin-bleu → Seite 218

Rittmeister Halt! Nicht ins Moulin-bleu, liebe Leutl! Dann schon eher ins Maxim!

Und wieder wird es einen Augenblick totenstill.

Maxim → Seite 218

Zauberkönig Warum denn ins Maxim?

Rittmeister Weil es dort ganz besondere Überraschungen geben wird.

Zauberkönig Was für Überraschungen?

Rittmeister Pikante. Sehr pikante –

Stille.

Zauberkönig Also auf ins Maxim!

Alle Ins Maxim! *Sie marschieren mit aufgespannten Regenschirmen und singen.*

Vindobona, du … Walzerlied von Carl Schmitter (1849–1897)

Vindobona, du herrliche Stadt,
Die so reizende Anlagen hat,
Dir gehört stets nur unser Sinn.
Ja zu dir, da ziagts uns hin,
San ma a von dir oft fern,
Denkn ma do ans liebe Wean,
Denn du bleibst die Perle von Österreich,
Dir ist gar ka Stadt net gleich!

drahn die Nacht verbummeln

Brady Wiener Tanzlokal

Die Mizzi und der Jean
Gehn miteinander drahn,
Wir sind ja nicht aus Stroh,
Sind jung und lebensfroh,
Net immer Schokoladi,
Heut gehen wir zum »Brady«
Oder zum »Maxim«
Heut sind wir einmal schlimm!

ka Geniern keine Hemmungen

Jetzt trink ma noch a Flascherl Wein,
Hollodero!
Es muss ja nöt das letzte sein
Hollodero!
Und ist das gar, gibts ka Geniern,
Hollodero!
So tun wir noch

mal repetiern, aber
noch mal repetiern!

Gong. – Die Bühne verwandelt sich nun ins »Maxim« – mit einer Bar und Separées; im Hintergrunde eine Kabarettbühne mit breiter Rampe. – Alles schließt die Regenschirme und nimmt nun Platz an den Tischen, und zwar in aufgeräumtester Stimmung.

Separée
→ Seite 218

Der Conferencier *tritt vor den Vorhang:* Meine Sehrverehrten! Meine Herrschaften! Entzückende Damen und noch entzückendere Herren!

Valerie Oho!

Gelächter.

Der Conferencier Ich begrüße Sie auf das allerherzlichste im Namen meiner Direktion! Schon Johann Wolfgang von Goethe, der Dichterfürst, sagt in seinem Meisterwerk, unserem unsterblichen Faust: Was du ererbt von deinen Vätern hast, erwirb es, um es zu besitzen! In diesem Sinne, meine Sehrverehrten: Nummer auf Nummer! Das ist Tradition, meine Sehrverehrten! Und nun bitte, treten Sie ein mit uns in den Himmel der Erinnerung! –

Und nun erklingt der Walzer »Wiener Blut« von Johann Strauß, der Vorhang hebt sich, und einige Mädchen in Alt- Wienertracht tanzen den Walzer – dann fällt wieder der Vorhang; rasende Begeisterung im Publikum, und die Musik spielt nun den Hoch- und Deutschmeistermarsch.

Hoch- und Deutschmeistermarsch Musik von Dominik Ertl (1857–1911)

Menschen mit der Tierwelt Anspielung auf Darwins Evolutionstheorie

Zauberkönig *zum Rittmeister:* Aber was redens denn da, Herr? Also das steht doch schon felsenfest, dass wir Menschen mit der Tierwelt verwandt sind!

Rittmeister Das ist Auffassungssache!

Zauberkönig Oder glaubens denn gar noch an Adam und Eva?

Rittmeister Wer weiß!

Der Mister *zu Valerie:* Du Wildkatz!

Zauberkönig Wildkatz! Oder gar ein Leopard!

Valerie Prost Zauberkönig!

Zauberkönig Der Herr Rittmeister sind ein Fabelwesen, und du hast was von einem Känguru an dir, und der Mister ist ein japanischer Affenpintscher!

Der Mister *lacht keineswegs:* Fabelhafter Witz, fabelhafter Witz!

Zauberkönig Na und ich?!

Valerie Ein Hirsch! Ein alter Hirsch! Prost, alter Hirsch! *Brüllendes Gelächter – nun klingelt das Tischtelefon. Stille.*

Zauberkönig *am Apparat:* Ja hallo! – Wie? Wer spricht? Mausi? – Mausi kenn ich nicht, wie? – Ach so! Jaja, das bin ich schon, ich bin schon dein Onkel. – was soll ich? A du Schweinderl, du herziges! – Wo? An der Bar? Im grünen Kleid? – Was? Du bist noch eine Jungfrau? Und das soll dir dein Onkel glauben? Na ich werd das mal nachkontrollieren. – Bussi, Bussi! – *Er hängt ein und leert sein Glas Schampus, den der Mister hat auffahren lassen.*

Valerie Trink nicht so viel, Leopold!

***Du kannst mir jetzt auf den Hut steigen!* Du kannst mich mal!**

Zauberkönig Du kannst mir jetzt auf den Hut steigen! *Er erhebt sich.* Für uns alte Leut ist ja der Alkohol noch die einzige Lebensfreud! Wo ist die Bar?

Valerie Was für eine Bar?

Zauberkönig Wo ist die Bar, Kruzitürken?!

Rittmeister Ich werd Sie hinführen –

Zauberkönig Ich find schon selber hin – ich brauch keinen Kerzenhalter! Kommens, führens mich! *Er lässt sich vom Rittmeister an die Bar führen, wo ihn bereits zwei Mädchen erwarten – die eine im grünen Kleid nimmt ihn gleich herzlichst in Empfang; auch der Rittmeister bleibt an der Bar.*

Der Mister zu Valerie: Was ist der Herr eigentlich?

Valerie Ein Zauberkönig.

Der Mister Ach!

Valerie Ja. Sonst ist er ja ein seltener Mensch, bescheiden und anständig, der echte Bürger vom alten Schlag. – Diese Sorte stirbt nämlich aus.

Der Mister Leider!

Valerie Heut ist er ja leider besoffen –

Der Mister Wie Sie das wieder sagen! Was für ein Charme! Bei uns in Amerika ist halt alles brutaler.

Valerie Was wiegen Sie?

Der Mister Zweihundertachtzehn Pfund.

Valerie Oh Gott!

Der Mister Darf ich ganz offen sein?

Valerie Man bittet darum.

Der Mister Ich bin kompliziert.

Valerie Wieso?

Der Mister Ich bin nämlich innerlich tot. Ich kann halt nur mehr mit den Prostituierten was anfangen – das kommt von den vielen Enttäuschungen, die ich schon hinter mir hab.

Valerie Jetzt so was. Eine so zarte Seele in so einem mächtigen Körper –

Der Mister Ich habe den Saturn als Planeten.

Valerie Ja, diese Planeten! Da hängt man damit zusammen und kann gar nichts dafür!

Gong.

Der Conferencier *tritt vor den Vorhang:* Meine Sehrverehrten! Und abermals gibts eine herrliche Nummer! Was soll ich viele Worte machen, urteilen Sie selbst über unsere sensationellen, von ersten Künstlern entworfenen, hochkünstlerischen lebendigen Aktplastiken. Als erstes: Donaunixen! Darf ich bitten, Herr Kapellmeister!

Aktplastiken **Nacktmodelle in der Nachstellung klassischer Gemälde**

Die Kapelle spielt nun den Walzer »An der schönen blauen Donau«, und es wird stockfinster im Zuschauerraum; dann teilt sich der Vorhang, und man sieht drei halbnackte Mädchen, deren Beine in Schwanzflossen stecken. – Eine hält eine Leier in der Hand – alle sind malerisch gruppiert vor einem schwarzen Vorhang im grünen Scheinwerferlicht: Von der Bar her hört man des Zauberkönigs Stimme: »Nackete Weiber, sehr richtig!« – Der Vorhang schließt sich, starker Applaus. Gong.

Der Conferencier erscheint wieder vor dem Vorhang: Das zweite Bild: unser Zeppelin!

Bravorufe.

Der Conferencier Darf ich bitten, Herr Kapellmeister!

Fridericus rex → Seite 218

Und nun ertönt der »Fridericus rex« – und auf der Bühne stehen drei nackte Mädchen – die erste hält einen Propeller in den Händen, die zweite einen Globus und die dritte einen kleinen Zeppelin – das Publikum rast vor Beifall, schnellt von den Sitzen in die Höhe und singt die erste Strophe des Deutschlandliedes, worauf es sich wieder beruhigt. Gong.

erste Strophe des Deutschlandliedes → Seite 219

Der Conferencier *wieder vor dem Vorhang:* Und nun, meine Sehrverehrten, das dritte Bild: »Die Jagd nach dem Glück.«

Totenstille.

Der Conferencier Darf ich bitten, Herr Kapellmeister – *Die »Träumerei« von Schumann erklingt und der Vorhang teilt sich zum dritten Male – eine Gruppe nackter Mädchen, die sich gegenseitig niedertreten, versucht einer goldenen Kugel nachzurennen, auf welcher das Glück auf einem Bein steht – das Glück ist ebenfalls unbekleidet und heißt Marianne.*

Träumerei Teil von Robert Schumanns (1810–1856) »Kinderszenen«

Valerie *schreit gellend auf im finsteren Zuschauerraum:* Marianne! Jesus Maria Josef! Marianne!!

Marianne *erschrickt auf ihrer Kugel, zittert, kann das Gleichgewicht nicht mehr halten, muss herab und starrt, geblendet vom Scheinwerfer, in den dunklen Zuschauerraum.*

Der Mister Was denn los?!

Valerie *außer sich:* Marianne, Marianne, Marianne!!

Der Mister *wird wütend* Brüll nicht! Bist denn plemplem?!

Valerie Marianne!

Der Mister Kusch! Da hast du deine Marianne! *Er boxt ihr in die Brust.*

Kusch **Halt's Maul!**

Valerie *schreit.*

Große Unruhe im Publikum; Rufe: »Licht! Licht!«

Der Conferencier *stürzt auf die Bühne:* Vorhang! Was ist denn los?! Licht! Vorhang! Licht!

Der Vorhang fällt vor der starr in den Zuschauerraum glotzenden Marianne, die übrigen Mädchen sind bereits unruhig ab – und nun wird es Licht im Zuschauerraum und wieder für einen Augenblick totenstill. Alles starrt auf Valerie, die mit dem Gesicht auf dem Tisch liegt, hysterisch und besoffen, weint und schluchzt.

Zauberkönig *steht an der Bar und hält die Hand auf sein Herz.*

Valerie *wimmert:* Die Mariann – die Mariann – die liebe kleine Mariann – oh, oh, oh – ich hab sie ja schon gekannt, wie sie noch fünf Jahre alt war, meine Herren!

Der Conferencier Von wem redet sie da?

Der Mister Keine Ahnung!

Der Conferencier Hysterisch?

Der Mister Epileptisch!

epileptisch **zu plötzlichen Krämpfen neigend**

Eine gemütliche Stimme So werfts es doch naus, die besoffene Bestie!

Valerie Ich bin nicht besoffen, meine Herren! Ich bin das nicht – nein, nein, nein! *Sie schnellt empor und will hinauslaufen, stolpert aber über ihre eigenen Füße, stürzt* *und reißt einen Tisch um – jetzt hat sie sich blutig geschlagen.* Nein, das halt ich nicht aus, ich bin doch nicht aus Holz, ich bin doch noch lebensfroh, meine Herren – das halt ich nicht aus, das halt ich nicht aus! *Sie rast brüllend nach Haus.*

Alle *außer dem Zauberkönig, sehen ihr perplex nach. Stille, dann: Gong.*

Der Conferencer *springt auf einen Stuhl:* Meine Sehrverehrten! Damen und Herren! Das war nun der Schluss unseres offiziellen Programms – und nun beginnt in der Bar der inoffizielle Teil! *Man hört aus der Bar die Tanzmusik.* Im Namen meiner Direktion danke ich Ihnen für den zahlreichen Besuch und wünsche Ihnen eine recht gute Nacht! Auf Wiedersehen, meine Herrschaften!

Die Herrschaften *räumen allmählich das Lokal.*

Zauberkönig Herr Rittmeister –

Rittmeister Bitte?

Zauberkönig Also deshalb wollten Sie nicht ins Moulin-bleu, sondern hier. – Das waren also Ihre bewussten pikanten Überraschungen, ich hab gleich so eine komische Aversion gehabt – so eine Ahnung, dass mir nichts Gutes bevorsteht –

Aversion Abneigung

Rittmeister Ich wusste es, dass das Fräulein Mariann hier auftritt – ich war nämlich schon öfters da – erst gestern wieder – und ich kann es halt nicht mehr länger mitansehen! Ihr steinernes Herz –

Zauberkönig Mischen Sie sich nicht in wildfremde Familienangelegenheiten, Sie Soldat!!

Rittmeister Meine menschliche Pflicht –

Zauberkönig *unterbricht ihn:* Was ist das?

Rittmeister Sie sind kein Mensch!

Zauberkönig Also das hör ich gern! Schon sehr gern! Was soll ich denn schon sein, wenn ich kein Mensch bin, Sie?!

Vielleicht ein Vieh?! Das tät Ihnen so passen! Aber ich bin kein Vieh und hab auch keine Tochter, bitt ich mir aus!!

Rittmeister Jetzt hab ich hier nichts mehr verloren. *Er verbeugt sich steif und ab.*

Zauberkönig Und ich werd mir vielleicht noch was holen? Ich bin in einer Untergangsstimmung, Herr Mister! Jetzt möcht ich Ansichtskarten schreiben, damit die Leut vor Neid zerplatzen, wenn sie durch mich selbst erfahren, wie gut dass es mir geht!

Der Mister Ansichtskarten! Glänzende Idee! Das ist eine Idee! Ansichtskarten, Ansichtskarten! *Er kauft einer Verkäuferin gleich einen ganzen Stoß ab, setzt sich dann abseits an einen Tisch und schreibt – nun ist er allein mit dem Zauberkönig; aus der Bar tönt Tanzmusik.*

Marianne *kommt langsam in einem Bademantel und bleibt vor dem Zauberkönig stehen.*

Zauberkönig *starrt sie an, betrachtet sie von oben bis unten – dreht ihr den Rücken zu.*

Pause.

Marianne Warum hast du meine Briefe nicht gelesen? Ich hab dir drei Briefe geschrieben. Aber du hast sie nicht aufgemacht und hast sie zurückgehen lassen.

Pause.

Marianne Ich hab dir geschrieben, dass er mich verlassen hat –

Zauberkönig *wendet sich langsam ihr zu und fixiert sie gehässig:* Das weiß ich. *Er dreht ihr wieder den Rücken zu.*

Pause.

Marianne Weißt du auch, dass ich ein Kind hab –?

Zauberkönig Natürlich!

Pause.

Marianne Es geht uns sehr schlecht, mir und dem kleinen Leopold –

Zauberkönig Was?! Leopold?! Der Leopold, das bin doch ich! Na, das ist aber der Gipfel! Nennt ihre Schand nach mir! Das auch noch! Schluss jetzt! Wer nicht hören will, muß fühlen! Schluss! *Er erhebt sich, muss sich aber gleich wieder setzen.*

Marianne Du bist ja betrunken, Papa –

Zauberkönig Also werd nur nicht ordinär! Ich bin nicht dein Papa, ein für allemal! Und nur nicht ordinär, sonst – *Er macht die Geste des Ohrfeigens.* Denk lieber an dein Mutterl selig! Die Toten hören alles!

Marianne Wenn mein Mutterl noch leben würde –

Zauberkönig Lass dein Mutterl aus dem Spiel, bitt ich mir aus! Wenn sie dich so gesehen hätt, so nacket auf dem Podium herumstehen – dich den Blicken der Allgemeinheit preisgeben. – Ja schämst dich denn gar nicht mehr? Pfui Teufel!

Marianne Nein, das kann ich mir nicht leisten, dass ich mich schäm.

Stille.

Die Musik in der Bar ist nun verstummt.

Marianne Ich verdien hier zwei Schilling pro Tag. Das ist nicht viel, inklusive dem kleinen Leopold. – Was kann ich denn aber auch anderes unternehmen? Du hast mich ja nichts lernen lassen, nicht einmal meine rhythmische Gymnastik, du hast mich ja nur für die Ehe erzogen –

Zauberkönig Oh du miserables Geschöpf! Jetzt bin ich noch schuld!

Marianne Hör mal, Papa –

Zauberkönig *unterbricht sie:* Ich bin kein Papa!

Marianne *schlägt mit der Faust auf den Tisch:* Aber so hör auf, ja. Du bist doch mein Papa, wer denn sonst!? Und hör jetzt mal – wenn das so weitergeht, ich kann nichts verdienen – und auf den Strich gehen kann ich nicht, ich kann das nicht, ich habs ja schon versucht, aber ich kann mich nur einem Manne geben, den ich aus ganzer Seele mag – ich hab ja als ungelernte Frau sonst nichts zu geben – dann bleibt mir nur der Zug.

Zauberkönig Was für ein Zug?

Marianne Der Zug. Mit dem man wegfahren kann. Ich wirf mich noch vor den Zug –

Zauberkönig So! Das auch noch. Das willst du mir also auch noch antun – *Er weint plötzlich.* Oh du gemeines Schwein, was machst du denn mit mir auf meine alten Tag? Eine Schande nach der anderen – oh ich armer alter Mensch, mit was hab ich denn das verdient?!

Marianne *scharf:* Denk nicht immer an dich!

Zauberkönig *hört auf zu weinen, starrt sie an, wird wütend:* So wirf dich doch vor den Zug! Wirf dich doch, wirf dich doch! Samt deiner Brut!! – Oh, mir ist übel – wenn ich nur brechen könnt – *Er beugt sich über den Tisch, schnellt aber plötzlich empor.* – Denk lieber an deinen Himmelvater! An unseren lieben Herrgott da droben – *Er wankt fort.*

Marianne *sieht ihm nach und schaut dann empor, dorthin, wo der Himmel liegt; leise:* Da droben – *Aus der Bar ertönt nun wieder Tanzmusik.*

Der Mister *ist nun fertig mit seiner Ansichtskartenschreiberei und entdeckt Marianne, die noch immer in den Himmel schaut:* Ah, eine Primadonna – *Er betrachtet sie lächelnd.* Sagen Sie – haben Sie nicht zufällig einige Briefmarken bei sich?

Marianne Nein.

Der Mister *langsam:* Nämlich, ich brauche zehn Zwanziggroschenmarken und zahle dafür fünfzig Schilling.

Pause.

Der Mister Sechzig Schilling.

Pause.

Der Mister *nimmt seine Brieftasche heraus:* Da sind die Schillinge und da sind die Dollars –

Marianne Zeigen Sie.

Der Mister *reicht ihr die Brieftasche.*

Pause.

Marianne Sechzig?

Der Mister Fünfundsechzig,

Marianne Das ist viel Geld.

Der Mister Das will verdient sein. *Stille. Mit der Tanzmusik ist es nun wieder vorbei.*

Marianne Nein. Danke. *Sie gibt ihm die Brieftasche zurück.*

Der Mister Was heißt das?

Marianne Ich kann nicht. Sie haben sich in mir geirrt, Herr –

Der Mister *packt sie plötzlich am Handgelenk und brüllt:* Halt! Halt, du hast mich jetzt bestohlen, du Dirne, Diebin, Verbrecherin, Hand aufmachen – auf!!

Marianne Au!

Der Mister Da! Hundert Schilling! Meinst, ich merk das nicht, du blöde Hur!? *Er gibt ihr eine Ohrfeige*. Polizei! Polizei!

Alles erscheint aus der Bar.

Der Conferencier Was ist denn los, um Gottes Christi willen?!

Der Mister Diese Hur da hat mich bestohlen! Hundert Schilling, hundert Schilling! Polizei!

Marianne *reißt sich vom Mister los:* Ihr sollt mich nicht mehr schlagen! Ich will nicht mehr geschlagen werden!

Baronin *erscheint.*

Marianne *schreit entsetzt.*

II
Draußen in der Wachau

Alfred sitzt mit seiner Großmutter vor dem Häuschen in der Abendsonne – und unweit steht der Kinderwagen.

Die Großmutter Ich hab dich ja schon immer für einen Lügner gehalten, aber dass du ein solcher Scheißkerl bist, war mir nie im Traum eingefallen! Borgt sich da von mir dreihundert Schilling für Frankreich zu einer Speditionsfirma – und kommt jetzt nach drei Wochen an und beichtet, dass er gar nicht in Frankreich war, sondern dass er alles verspielt hat am Trabrennplatz! Wirst dort enden, wo deine saubere Mariann sitzt! Im Zuchthaus!

Alfred Vorerst sitzt sie ja noch gar nicht im Zuchthaus, sondern nur im Untersuchungsgefängnis, und morgen wird ihr doch erst der Prozess gemacht – und dann ist es ja nur ein Diebstahlsversuch. Schaden ist keiner entstanden, also hat sie mildernde Umständ und wird sicher nur bedingt verurteilt werden, weil sie noch nicht vorbestraft ist –

Die Großmutter Nimm sie nur in Schutz, nimm sie nur in Schutz. – Schön hab ich mich in dir getäuscht, ich habs ja schon immer gewusst, dass du ein Verbrecher bist!

Alfred Willst mir also nicht verzeihen?

Die Großmutter Häng dich auf!

Alfred Bäääh! *Er streckt die Zunge heraus.*

Die Großmutter Bäääh! *Sie streckt ihm die Zunge heraus. Stille.*

Alfred *erhebt sich:* Also mich siehst du jetzt nicht so bald wieder.

Die Großmutter Und die dreihundert Schilling? Und die hundertfünfzig vom vorigen Jahr?!

Alfred Und wenn du jetzt zerspringst, es ist doch so, dass ich es genau fühl, dass auch ich in einer gewissen Hinsicht mitschuldig bin an der Mariann ihrem Schicksal –

Die Großmutter *schnappt nach Luft.*

Alfred *lüftet seinen Strohhut:* Küss die Hand, Großmama! *Ab.*

Die Großmutter *außer sich vor Wut:* Schau, dass du verschwindst! Luder, dreckiges! Mir so was ins Gesicht zu sagen! Weg! Marsch! Scheißkerl! Sie *setzt sich an das Tischchen, auf dem ihre Zither liegt, und stimmt sie.*

Die Mutter *tritt aus dem Häuschen:* Ist der Alfred schon fort?

Die Großmutter Gott sei Dank!

Die Mutter Er hat sich von mir gar nicht verabschiedet –

Die Großmutter Einen feinen Sohn hast du da – frech und faul! Ganz der Herr Papa!

Die Mutter So lass doch den Mann in Ruh! Jetzt liegt er schon zehn Jahr unter der Erden, und gibst ihm noch immer keine Ruh!

Die Großmutter Wer hat ihn denn so früh unter die Erden gebracht? Ich vielleicht? Oder der liebe Alkohol? – Deine ganze Mitgift hat er versoffen!

Die Mutter Jetzt will ich aber nichts mehr hören, ich will nicht!

Die Großmutter Halts Maul! *Sie spielt auf ihrer Zither den Doppeladlermarsch.*

Doppeladlermarsch → Seite 219

Die Mutter beugt sich besorgt über den Kinderwagen, und die Großmutter beendet ihren Marsch: Er macht mir Sorgen, der kleine Leopold – er hat so stark gehustet, und jetzt hat er rote Backerln und so einen ganz anderen Blick – damals beim armen kleinen Ludwig hats genau so begonnen –

Gott gibt … Zitat nach Hiob 1,21

Die Großmutter Gott gibt und Gott nimmt.

Die Mutter Mama!

Die Großmutter Mutterl im Zuchthaus und Vaterl ein Haldodri! Für manche wärs schon besser, wenns hin wären!

Die Mutter Möchst denn du schon hin sein?

Die Großmutter *kreischt:* Vergleich mich nicht mit dem dort! *Sie deutet auf den Kinderwagen.* Meine Eltern waren ehrliche Leut! *Sie spielt wütend ein Menuett.*

Menuett **franz. Hoftanz im 3/4-Takt**

Die Mutter So spiel doch nicht!

Die Großmutter *unterbricht ihr Spiel:* Was schreist denn so?! Bist narrisch?! *Sie fixieren sich.*

Stille.

Die Mutter *bange:* Mama – ich hab es gesehn –

Die Großmutter Was?

Die Mutter Was du heut nacht gemacht hast –

Stille.

Die Großmutter *lauernd:* Was hab ich denn gemacht?

Die Mutter Du hast die beiden Fenster aufgemacht und hast das Betterl mit dem kleinen Leopold in den Zug gestellt –

Die Großmutter kreischt: Das hast du geträumt! Das hast du geträumt!

Die Mutter Nein, das hab ich nicht geträumt. Und wenn du zerspringst!

III

Und abermals in der stillen Straße im achten Bezirk

Der Rittmeister liest noch immer die Ziehungsliste, und Valerie steht in der Tür ihrer Tabak-Trafik. – Es scheint überhaupt alles beim Alten geblieben zu sein, nur auf der Puppenklinikauslage klebt ein Zettel: »Ausverkauf«.

Valerie *boshaft*: Was haben wir denn gewonnen, Herr Rittmeister?

Rittmeister *reicht ihr die Ziehungsliste zurück:* Es ist Samstag, Frau Valerie. Und morgen ist Sonntag.

Valerie Das ist halt unser irdisches Dasein, Herr Rittmeister.

Rittmeister Ausverkauf! Mein Gewissen ist rein und trotzdem. Ich war doch damals im Maxim nur von den altruistischesten Absichten beseelt – versöhnend hab ich wirken wollen, versöhnend – und derweil hat sich eine Tragödie nach der anderen abgerollt. Die arme Mariann wird eingekastelt und verurteilt –

altruistisch uneigennützig

eingekastelt eingesperrt

Valerie *unterbricht ihn:* Bedingt, Herr Rittmeister! Bedingt!

Stille.

Rittmeister Ist er eigentlich noch geärgert auf mich, der Herr Zauberkönig?

Valerie Wegen was denn?

Rittmeister Na, ich denk, wegen der fatalen Situation im Maxim, die wo ich ihm inszeniert hab.

Valerie Aber Herr Rittmeister! Nach all dem, was der Mann durchgemacht hat, hat er keine Lust mehr, sich über Sie zu ärgern – er ist überhaupt viel versöhnlicher geworden, er ist halt gebrochen. Als er seinerzeit gehört hat, dass die liebe Mariann gestohlen hat, da hat ihn ja fast der Schlag getroffen!

Rittmeister So ein Schlaganfall ist kein Witz.

Valerie Er hat ja schon direkt die Sphärenmusik gehört.

Rittmeister Was verstehen Sie unter Sphärenmusik?

Valerie Wenn einer knapp vor dem Tode ist, dann fängt die arme Seel bereits an, den Körper zu verlassen – aber nur die halbe Seel – und die fliegt dann schon hoch hinauf und immer höher und dort droben gibts eine sonderbare Melodie, das ist die Musik der Sphären –

Stille.

Rittmeister Möglich. An und für sich –

Jetzt spielt die Realschülerin im zweiten Stock einen Walzer von Johann Strauß.

Valerie Können Sie schweigen, Herr Rittmeister?

Rittmeister Natürlich!

Valerie Ehrenwort?

Rittmeister Na wenn ich als alter Offizier nicht schweigen könnt! Denkens doch nur mal an all die militärischen Geheimnisse, die ich weiß!

Pause.

Valerie Herr Rittmeister. Sie war bei mir.

Rittmeister Wer?

Valerie Die Mariann. Ja, die Mariann. Sie hat mich aufgesucht. Vier Wochen ist sie jetzt gesessen in ihrer Untersuchungshaft, und jetzt hat sie nichts zum Beißen – nur ihren Stolz, den hat sie noch gehabt! Aber den hab ich ihr gründlich ausgetrieben, kann ich nur sagen! Gründlich! Verlassen Sie sich nur auf mich, Herr Rittmeister, ich werd sie schon mit ihrem Papa aussöhnen, wir Frauen verstehen das besser als wie die Herren der Schöpfung! Sie haben ja das im Maxim viel zu direkt versucht – mein Gott, hab ich mich damals erschrocken!

Rittmeister Ende gut, alles gut!

Erich *kommt rasch von rechts – er will in die Puppenklinik, erblickt aber den Rittmeister und fixiert ihn – und die Realschülerin bricht den Walzer ab, mitten im Takt.*

Rittmeister *betrachtet Erich geringschätzig – grüßt dann höflich Valerie und ab, knapp an Erich vorbei.*

Erich *sieht ihm finster nach und betrachtet dann Valerie.*

Valerie will ab in ihre Tabak-Trafik.

Erich Halt! Verzeihen, Gnädigste! Ich möchte Sie nur darauf aufmerksam machen, dass wir uns jetzt wahrscheinlich das letzte Mal sehen –

Valerie Hoffentlich!

Erich Ich fahre nämlich morgen früh – für immer.

Valerie Glückliche Reise!

Erich Danke! *Er grüßt wieder korrekt und will ab in die Puppenklinik.*

Valerie *plötzlich:* Halt!

Erich Zu Befehl!

Stille.

Valerie Wir wollen uns nicht so Adieu sagen – Komm, geben wir uns die Hand – trennen wir uns als gute Kameraden –

Erich Gut. *Er gibt ihr die Hand; zieht dann ein Notizbuch aus der Tasche und blättert darin.* Hier steht es genau notiert: Soll und Haben – jede Zigarette.

Valerie *freundlich:* Ich brauch deine Zigaretten nicht –

Erich Ehrensache!

Valerie *nimmt seine Hand, in der er das Notizbuch hält, und streichelt sie:* Du bist halt kein Psychologe, Erich – *Sie nickt ihm freundlich zu und langsam ab in die Tabak-Trafik – und jetzt spielt die Realschülerin wieder.*

Erich *sieht ihr nach; ist nun allein:* Altes fünfzigjähriges Stück Scheiße – *Ab in die Puppenklinik.*

Oskar *kommt mit Alfred aus seiner Fleischhauerei:* Also auf alle Fall dank ich Ihnen herzlichst, daß Sie mich besucht haben – und dass wir uns so gut vertragen in puncto Mariann.

Alfred Es bleibt dabei: Ich lass ab von ihr – für ewig. *Er erblickt den Zettel auf der Puppenklinikauslage.* Was? »Ausverkauf«?

Oskar *lächelt:* Auch das, lieber Herr – Es wird sich hier bald ausgezaubert haben, das heißt: Falls er sich nicht wieder mit unserer Mariann versöhnt, denn so solo schaffts der Alte nicht mehr –

Alfred Wie traurig das alles ist! Glaubens mir nur, ich bin an dieser ganzen Geschicht eigentlich unschuldig – heut begreif ich mich gar nicht, ich hab es doch so gut gehabt früher, ohne Kummer und ohne Sorgen – und dann lasst man sich in so ein unüberlegtes Abenteuer hineintreiben – es geschieht mir schon ganz recht, weiß der Teufel, was in mich gefahren ist!

Oskar Das ist halt die große Liebe gewesen.

Alfred Oh nein! Dazu hab ich schon gar kein Talent. – Ich war nur zu weich. Ich kann halt nicht nein sagen, und dann wird so eine Liaison automatisch immer ärger. Ich wollt nämlich seinerzeit Ihre Verlobung wirklich nicht auseinanderbringen – aber die liebe Mariann bestand auf dem Alles- oder-Nichts-Standpunkt. Verstehens mich?

Liaison **Liebesverhältnis, Verbindung**

Oskar Leicht. Der Mann ist ja nur der scheinbar aktive Teil und das Weib nur der scheinbar passive – wenn man da näher hineinleuchtet –

Alfred Abgründe tun sich auf.

Oskar Und sehens, deshalb war ich Ihnen persönlich eigentlich nie so recht bös – Ihnen hab ich nie etwas Böses gewünscht – während die Mariann – *Er lächelt.* Ja, die hat bitter büßen müssen, das arme Hascherl – für die große Leidenschaft ihres Lebens –

Hascherl **armes Mädchen**

Alfred Nein, so viel Leut ins Unglück zu stürzen! Wirklich: wir Männer müssten mehr zusammenhalten.

Oskar Wir sind halt zu naiv.

Alfred Allerdings.

Jetzt bricht die Realschülerin wieder ab.

Alfred Herr Oskar. Ich weiß gar nicht, wie ich Ihnen danken soll, dass Sie es übernommen haben, mich mit der Frau Valerie wieder auszusöhnen –

Oskar *unterbricht ihn:* Pst!

Zauberkönig *begleitet Erich aus der Puppenklinik – beide bemerken weder Alfred noch Oskar, die sich in die Tür der Fleischhauerei zurückgezogen haben:* Also nochmals, gute Reise, Erich! Bleib gesund und komm gut nach Dessau!

Erich Nach Kassel, Onkel!

Zauberkönig Kassel und Dessau – das werd ich nimmer lernen! Und vergiss unsere Wienerstadt nicht und deinen armen alten Onkel!

Erich *schlägt nochmals die Hacken zusammen, verbeugt sich straff und ab, ohne sich umzusehen.*

Zauberkönig *sieht ihm gerührt nach – erblickt dann Valerie, die, als sie Erichs Stimme gehört hatte, wieder in ihrer Tür erschien und horchte:* Ein Prachtkerl, was? *Nun spielt die Realschülerin wieder.*

Valerie *nickt langsam ja.*

Zauberkönig *holt sich aus dem Ständer vor der Tabak-Trafik eine Zeitung und durchblättert sie:* Ja ja, Europa muss sich schon einigen, denn beim nächsten Krieg gehen wir alle zugrund – aber kann man sich denn alles bieten lassen?! Was sich da nur die Tschechen wieder herausnehmen! Ich sag dir heut: Morgen gibts wieder einen Krieg! Und den muss es auch geben! Krieg wirds immer geben!

Tschechen
→ Seite 219

Valerie *ist immer noch anderswo:* Das schon. Aber das wär halt das Ende unserer Kultur.

Zauberkönig Kultur oder nicht Kultur – Krieg ist ein Naturgesetz! Akkurat wie die liebe Konkurrenz im geschäftlichen Leben! Ich für meine Person bin ja konkurrenzlos, weil ich ein Spezialgeschäft bin. Trotzdem geh ich zugrund. Ich kanns halt allein nicht mehr schaffen, mich macht schon jeder Käufer nervös – Früher, da hab ich eine Frau gehabt, und wie die angefangen hat zu kränkeln, da ist die Mariann schon so groß gewesen –

Valerie Wie groß?

Zauberkönig So groß!

Pause.

Valerie Wenn ich Großpapa wär –

Zauberkönig *unterbricht sie:* Ich bin aber kein Großpapa, bitt ich mir aus! *Er fasst sich ans Herz und der Walzer bricht ab.* Reg mich doch nicht auf! Au, mein Herz –

Stille.

Valerie Tuts weh?

Zauberkönig Bestialisch – Du weißt, was der Medizinalrat gesagt hat – mich könnt so ein Schlagerl treffen wie nix –

Schlagerl Schlaganfall

Valerie Ich kenn das von meinem Seligen her – Stichts?

Zauberkönig Es sticht – es sticht –

Stille.

Valerie Leopold. Der liebe Gott hat dir einen Fingerzeig gegeben – dass du nämlich noch unter uns bist – Still! Reg dich nur nicht auf, reg dich nicht auf – sonst kommt der Schlaganfall, der Schlaganfall, und dann – und dann – versöhn dich doch lieber, du alter Trottel – versöhn dich, und du wirst auch dein Geschäft wieder weiterführen können, es wird alles wieder besser, besser, besser!

Stille.

Zauberkönig Meinst du?

Valerie Schau, die Mariann – das ist doch kein böser Mensch, das ist doch nur ein dummes Weiberl – ein ganz armes dummes Weiberl –

Zauberkönig Dumm ist sie schon. Saudumm!

Valerie Und die hat sich eingebildet, die Welt nach ihrem Bild umzuformen – aber die Welt folgt halt doch nur dem Verstand, gelt, Großpapa?

Zauberkönig Großpapa?

Valerie Ja.

Stille.

Dann spielt wieder die Realschülerin.

Zauberkönig *lässt sie langsam stehen und wendet sich seiner Puppenklinik zu – hält vor der Auslage und betrachtet den Ausverkaufszettel; dann nickt er Valerie freundlich zu, reißt den Zettel ab und verschwindet in seiner Puppenklinik.*

Valerie *grinst befriedigt und steckt sich eine Zigarette an.*

Oskar Frau Valerie! Jetzt hätt ich für Sie eine Überraschung!

Valerie Was für eine Überraschung?

Oskar Es möcht sich jemand mit Ihnen versöhnen.

Valerie Wer? Erich?

Oskar Nein.

Valerie Sondern?

Oskar Dort –

Valerie *nähert sich der Fleischhauerei und erblickt Alfred.*

Alfred *grüßt.*

Pause.

Valerie Ach!

Jetzt ist es wieder aus mit der Musik.

Alfred Du ahnst es ja nicht, was mich diese Reue für innere Kämpfe gekostet hat, dieser Gang nach Canossa – Ich hab ja schon vor mir selbst gar kein Schamgefühl mehr, weil ich weiß, dass ich dir Unrecht getan hab.

Gang nach Canossa → Seite 219

Valerie Mir?

Alfred Ja.

Valerie Wann denn?

Alfred *ist perplex.*

Valerie Mir hast du nichts Schlechtes getan.

Alfred *ist noch perplexer; er lächelt verlegen:* Na, ich hab dich doch immerhin verlassen –

Valerie Du mich? Ich dich! Und außerdem war das auch nichts Schlechtes, sondern nur etwas sehr Gutes, merk dir das, du eitler Aff!

Alfred Wir sind als gute Kameraden auseinander, verstanden?

Valerie Wir zwei sind getrennte Leut, verstanden?! Weil ich mit einem ausgemachten Halunken in der Zukunft nichts mehr zu tun haben möcht!

Stille.

Alfred Wieso denn ein ausgemachter? Du hast doch grad selber gesagt, dass ich dir nichts getan hab!

Valerie Mir nichts! Aber der Mariann! Und deinem Kind?

Stille.

Alfred Die Mariann hat immer gesagt, ich könnt hypnotisieren – *Er schreit sie an.* Was kann ich denn dafür, dass ich auf die Frauen so stark wirk?!

Valerie Schrei mich nicht an!

Oskar Meiner Meinung nach war der Herr Alfred relativ gut zur Mariann –

Valerie Wenn ihr Mannsbilder nur wieder zusammenhelft! Oh, ich hab aber auch noch mein weibliches Solidaritätsgefühl! *Zu Alfred.* So klein möcht ich dich sehen, so klein!

Stille.

Alfred Ich bin eine geschlagene Armee. Das musst du mir nicht zweimal sagen, dass ich ein schlechter Mensch bin, das weiß ich, weil ich halt zu guter Letzt ein schwacher Mensch bin. Ich brauch immer jemand, für den ich sorgen kann und muss, sonst verkomm ich sofort. Für die Mariann konnt ich aber nicht sorgen, das war mein spezielles Pech – Ja, wenn ich noch einiges Kapital gehabt hätt, dann hätt ich ja wieder auf die Rennplatz hinauskönnen, trotzdem dass sie es nicht hat haben wollen –

Valerie Sie hat es nicht haben wollen?

Alfred Aus moralischen Gründen.

Valerie Das war aber dumm von ihr, wo das doch dein eigenstes Gebiet ist.

Alfred Siehst du! Und an diesem Lebensauffassungsunterschied zerschellte auch schließlich unser Verhältnis. Ganz von allein.

Valerie Lüg nicht.

Stille.

Alfred Valerie. Ich hab eine Hautcreme vertreten, Füllfederhalter und orientalische Teppich – es ist mir alles danebengelungen und nun steck ich in einer direkt schweinischen Situation. Du hast doch früher auch für eine jede Schweinerei Verständnis gehabt –

Valerie *unterbricht ihn:* Wie wars denn in Frankreich?

Alfred Relativ genau wie hier.

Valerie Und wie sind denn die Französinnen?

Alfred Wie sie alle sind. Undankbar.

Valerie *lächelt:* Du Lump. Was würdest du denn tun, wenn ich dir jetzt fünfzig Schilling leihen würd?

Stille.

Alfred Fünfzig?

Valerie Ja.

Alfred Ich würde natürlich sofort telegrafisch in Maisons-Laffitte Sieg und Platz –

Valerie *unterbricht ihn:* Und? Und?

Alfred Wieso?

Valerie Und den Gewinn?

Stille.

Alfred *lächelt hinterlistig:* Den voraussichtlichen Gewinn würde ich morgen persönlich meinem Söhnchen überreichen –

Valerie Werden sehen –! Werden sehen!

Marianne *kommt rasch und erschrickt.*

Oskar Mariann!

Valerie Na also!

Marianne *starrt einen nach dem anderen an – will rasch wieder fort.*

Valerie Halt! Dageblieben! Jetzt werden wir mal den Schmutz da zusammenräumen – jetzt kommt die große Stöberei! Jetzt wird versöhnt und basta!

Stille.

Stöberei hier: endgültiges Aufräumen; »Großreinemachen«

Oskar Mariann. Ich verzeihe dir gern alles, was du mir angetan hast – denn lieben bereitet mehr Glück, als geliebt zu werden. – Wenn du nämlich nur noch einen Funken Gefühl in dir hast, so musst du es jetzt spüren, dass ich dich trotz allem noch heut an den Altar führen tät, wenn du nämlich noch frei wärst – ich meine jetzt das Kind –

Stille.

Marianne Was denkst du da?

Oskar *lächelt:* Es tut mir leid.

Marianne Was?

Oskar Das Kind –

Stille.

Marianne So lass doch das Kind in Ruh – Was hat dir denn das Kind getan? Schau mich doch nicht so dumm an!

Valerie Mariann! Hier wird jetzt versöhnt!

Marianne *deutet auf Alfred:* Aber nicht mit dem!

Valerie Auch mit dem! Alles oder nichts! Auch das ist doch nur ein Mensch!

Alfred Ich danke dir.

Marianne Gestern hast du noch gesagt, dass er ein gemeines Tier ist.

Valerie Gestern war gestern, und heut ist heut, und außerdem kümmer dich um deine Privatangelegenheiten.

Alfred Nur wer sich wandelt, bleibt mit mir verwandt.

Oskar *zu Marianne:*

Denn so lang du dies nicht hast
Dieses Stirb und Werde!
Bist du noch ein trüber Gast
Auf der dunklen Erde!

Denn so lang […] der dunklen Erde
→ Seite 219

Marianne *grinst:* Gott, seid ihr gebildet –

Oskar Das sind doch nur Kalendersprüch!

Valerie Sprüch oder nicht Sprüch! Auch das ist doch nur ein Mensch mit allen seinen angeborenen Fehlern und Las-

Kalendersprüch **abwertend: billige Spruchweisheiten auf Kalenderblättern**

tern – Du hast ihm auch keinen genügend starken inneren Halt gegeben!

Marianne Ich hab getan, was ich tun konnte!

Valerie Du bist halt noch zu jung!

Stille.

Alfred Zu guter Letzt war ich ja auch kein Engel.

Valerie Zu guter Letzt ist bei einer solchen Liaison überhaupt nie jemand schuld – das ist doch zu guter Letzt eine Frage der Planeten, wie man sich gegenseitig bestrahlt und so.

Marianne Mich hat man aber eingesperrt.

Stille.

Marianne Sie haben mich sehr erniedrigt.

Glacéhandschuhe hier: nimmt wenig Rücksicht

Oskar Die Polizei trägt allerdings keine Glacéhandschuhe.

Valerie Waren es wenigstens weibliche Kriminalbeamte?

Marianne Teils.

Valerie Na also!

Stille.

Valerie Marianderl. Jetzt geh nur ruhig dort hinein – *Sie deutet auf die Puppenklinik.*

Marianne Und?

Valerie Geh nur –

Marianne Aber auf deine Verantwortung –

Valerie Auf meine Verantwortung –

Stille.

Marianne *wendet sich langsam der Puppenklinik zu – legt die Hand auf die Klinke und dreht sich dann nochmals Valerie, Alfred und Oskar zu:* Ich möcht jetzt nur noch was sagen. Es ist mir nämlich zu guter Letzt scheißwurscht – und das, was ich da tu, tu ich nur wegen dem kleinen Leopold, der doch nichts dafür kann. – *Sie öffnet die Tür und das Glockenspiel erklingt, als wäre nichts geschehen.*

IV
Draußen in der Wachau

Die Großmutter sitzt in der Sonne und die Mutter schält Erdäpfel. Und der Kinderwagen ist nirgends zu sehen.

Erdäpfel **Kartoffeln**

Die Großmutter Frieda! Hast du ihr schon den Brief geschrieben?

Die Mutter Nein.

Die Großmutter Soll ich ihn vielleicht schreiben? *Stille.*

Die Großmutter Da wir die Adress des lieben Herrn Alfred nicht kennen, müssen wir es doch ihr schreiben –

Die Mutter Ich schreib schon, ich schreib schon. – Sie werden uns noch Vorwürf machen, dass wir nicht aufgepasst haben –

Die Großmutter Wir? Du! Du, willst du wohl sagen!

Die Mutter Was kann denn ich dafür?!

Die Großmutter Wars vielleicht meine Idee, das Kind in Kost zu nehmen?! Nein, das war deine Idee – weil du etwas Kleines, Liebes um dich hast haben wollen, hast du gesagt! Hast du gesagt! Ich war immer dagegen. Mit so was hat man nur Scherereien!

Die Mutter Gut. Bin ich wieder schuld. Gut. Am End bin ich dann vielleicht auch daran schuld, dass sich der kleine Leopold erkältet hat – und dass er jetzt im Himmel ist?! Herrgott, ist das alles entsetzlich! *Stille.*

Die Großmutter Vielleicht ist es ihr gar nicht so entsetzlich – ich meine jetzt dein Fräulein Mariann. – Man kennt ja diese Sorte Fräuleins – vielleicht wird das Fräulein sogar zufrieden sein, dass sie es los hat –

Die Mutter Mama! Bist du daneben?!

Die Großmutter Was fällt dir ein, du Mistvieh?!

Die Mutter Was fällt dir ein, du Ungeheuer?! Das Fräulein ist doch auch nur eine Mutter, genau wie du!!

Die Großmutter *kreischt:* Vergleich mich nicht mit ihr! Ich hab mein Kind in Ehren geboren, oder bist du ein unehelicher Schlampen?! Wo kein Segen von oben dabei ist, das endet nicht gut und soll es auch nicht! Wo kämen wir denn da hin?! Jetzt wird hier aber endlich geschrieben – und wenn du zu feig dazu bist, dann diktier ich dir! *Sie erhebt sich.* Setz dich her! Hier hast du Papier und Bleistift – ich habs schon vorbereitet.

Die Mutter Ungeheuer –

Die Großmutter Kusch! Setz dich! Schreib! Freu dich, dass ich dir hilf!

Die Mutter *setzt sich.*

Die Großmutter *geht gebeugt auf und ab und diktiert:* Wertes Fräulein! – Jawohl: Fräulein! – Leider müssen wir Ihnen eine für Sie recht traurige Mitteilung machen. Gott der Allmächtige hat es mit seinem unerforschlichen Willen so gewollt, dass Sie, wertes Fräulein, kein Kind mehr haben sollen. Das Kind hat sich nur etwas erkältet, und dann ist es sehr schnell dahingegangen – Punkt. Aber trösten Sie sich, Gott der Allmächtige liebt die unschuldigen Kinder. Punkt. Neuer Absatz.

Marianne *kommt mit Zauberkönig, Valerie, Oskar und Alfred, denen sie etwas vorausgeeilt ist:* Guten Tag, liebe Frau Zentner! Küss die Hand, Großmutter! Jetzt war ich aber lang nicht mehr da, ich bin ja nur froh, dass ich euch wiederseh – Das ist mein Vater!

Zauberkönig *grüßt.*

Die Mutter *erblickt Alfred:* Alfred!

Marianne *wird es plötzlich unheimlich:* Was habt ihr denn –?

Die Großmutter *reicht ihr den Brief.*

Marianne *nimmt ihr mechanisch den Brief ab und sieht sich scheu um; bange:* Wo ist er denn – wo ist er denn –?

Die Großmutter Lesen, bitte. Lesen –

Marianne *liest den Brief.*

Zauberkönig Na, wo ist er denn, der kleine Leopold? *Er hält ein Kinderspielzeug in der Hand, an dem Glöckchen befestigt sind, und läutet damit.* Der Opapa ist da. Der Opapa!

Marianne *lässt den Brief fallen.*

Stille.

Zauberkönig *plötzlich ängstlich:* Mariann! Ist denn was passiert?

Valerie *hat den Brief aufgehoben und gelesen; jetzt schreit sie:* Maria! Tot ist er! Hin ist er, der kleine Leopold!

Alfred Tot?!

Valerie Tot! *Sie schluchzt.*

Alfred *schließt sie automatisch in seine Arme.*

Zauberkönig *wankt – lässt das Kinderspielzeug fallen und hält die Hand vors Gesicht.*

Stille.

Die Großmutter *hebt neugierig das Kinderspielzeug auf und läutet damit.*

Marianne *beobachtet sie – stürzt sich plötzlich lautlos auf sie und will sie mit der Zither, die auf dem Tischchen liegt, erschlagen.*

Oskar *drückt ihr die Kehle zu.*

Marianne *röchelt und lässt die Zither fallen.*

Stille.

Die Großmutter *hebt die Zither auf, leise:* Du Luder. Du Bestie. Du Zuchthäuslerin. – Mich? Mich möchst du erschlagen, mich?

Die Mutter *schreit die Großmutter plötzlich an:* Jetzt schau aber, dass du ins Haus kommst! Marsch! Marsch!

Die Großmutter *geht langsam auf die Mutter zu:* Dir tät es ja schon lange passen, wenn ich schon unter der Erden wär – nicht? Aber ich geh halt noch nicht, ich geh noch nicht – Da! *Sie gibt der Mutter eine Ohrfeige.* Verfaulen sollt ihr alle, die ihr mir den Tod wünscht! *Ab mit ihrer Zither in das Häuschen.*
Stille.

Die Mutter *schluchzt:* Na, das sollst du mir büßen – *Ihr nach.*

Zauberkönig *nimmt langsam die Hand vom Gesicht:* Der zweite Schlaganfall, der zweite Schlaganfall – nein, nein, nein, lieber Gott, lass mich noch da, lieber Gott –*Er bekreuzigt sich.* Vater unser, der du bist im Himmel – groß bist du und gerecht – nicht wahr, du bist gerecht? Lass mich noch, lass mich noch – Oh, du bist gerecht, oh, du bist gerecht! *Er richtet sich seine Krawatte und geht langsam ab.*

Valerie *zu Alfred:* Wie groß war er denn schon, der kleine Leopold?

Alfred So groß –

Kondolation Beileid

Valerie Meine innigste Kondolation.

Alfred Danke. *Er zieht Geldscheine aus seiner Hosentasche.* Da. Jetzt hab ich gestern noch telegrafisch gesetzt und hab in Maisons-Laffitte gewonnen – und heut wollt ich meinem Sohne vierundachtzig Schilling bringen –

Valerie Wir werden ihm einen schönen Grabstein setzen. Vielleicht ein betendes Englein.

Alfred Ich bin sehr traurig. Wirklich. Ich hab jetzt grad so gedacht – so ohne Kinder hört man eigentlich auf. Man setzt sich nicht fort und stirbt aus. Schad! *Langsam ab mit Valerie.*

Marianne Ich hab mal Gott gefragt, was er mit mir vorhat. – Er hat es mir aber nicht gesagt, sonst wär ich nämlich nicht mehr da. – Er hat mir überhaupt nichts gesagt. – Er hat mich überraschen wollen. – Pfui!

Oskar Mariann! Hadere nie mit Gott!

Marianne Pfui! Pfui! *Sie spuckt aus.*

Stille.

Oskar Mariann. Gott weiß, was er tut, glaub mir das.

Marianne Kind! Wo bist du denn jetzt? Wo?

Oskar Im Paradies.

Marianne So quäl mich doch nicht –

Oskar Ich bin doch kein Sadist! Ich möcht dich doch nur trösten. – Dein Leben liegt doch noch vor dir. Du stehst doch erst am Anfang. – Gott gibt und Gott nimmt.

Marianne Mir hat er nur genommen, nur genommen –

Oskar Gott ist die Liebe, Mariann – und wen er liebt, den schlägt er –

Marianne Mich prügelt er wie einen Hund!

Oskar Auch das! Wenn es nämlich sein muss.

Nun spielt die Großmutter auf ihrer Zither drinnen im Häuschen die »Geschichten aus dem Wiener Wald« von Johann Strauß.

Oskar Mariann. Ich hab dir mal gesagt, dass ich es dir nie wünsch, dass du das durchmachen sollst, was du mir angetan hast – und trotzdem hat dir Gott Menschen gelassen – die dich trotzdem lieben – und jetzt, nachdem sich alles so eingerenkt hat. – Ich hab dir mal gesagt, Mariann, du wirst meiner Liebe nicht entgehn –

Marianne Ich kann nicht mehr. Jetzt kann ich nicht mehr –

Oskar Dann komm – *Er stützt sie, gibt ihr einen Kuss auf den Mund und langsam ab mit ihr – und in der Luft ist ein Klingen und Singen, als spielte ein himmlisches Streichorchester die »Geschichten aus dem Wiener Wald« von Johann Strauß.*

Ende des dritten und letzten Teiles

Materialien

M

M

Biografie

Lebenschronik – Werkgeschichte

Ödön von Horváth

M

1901 Edmund (Ödön) Josef von Horváth wird am 9. Dezember als erster Sohn des Diplomaten Dr. Edmund Josef von Horváth (1874–1950) und Maria Hermine, geb. Prehnal (1882–1959) in Sušak, einem Vorort von Fiume dem heutigen Rijeka, geboren. Horváth beschreibt seine Herkunft später folgendermaßen: »Sie fragen mich nach meiner Heimat, ich antworte: [...] Kenn ich nicht. Ich bin eine typisch alt-österreichisch-ungarische Mischung: magyarisch, kroatisch, deutsch, tschechisch – mein Name ist magyarisch, meine Muttersprache ist deutsch.« (Bd. II, S. 184)

1902 Familie Horváth zieht nach Belgrad um.

Familie Horváth bei einer Autofahrt, um 1907

1908 Umzug der Familie Horváth nach Budapest.

1909 Sein Vater, im Frühjahr in den Adelsstand erhoben, wird im Herbst nach München versetzt; doch Ödön selbst bleibt in Budapest und besucht dort das erzbischöfliche Internat.

M

1913 Ödön zieht zu den Eltern und besucht die dritte Klasse des Kaiser-Wilhelm-Gymnasiums, ehe er im folgenden Jahr auf das Realgymnasium wechselt. Seine Zensuren sind nicht die besten.

1915 Sein Vater wird von der Front abberufen und erneut nach München beordert. Später schreibt Ödön über diese Jahre: »An die Zeit vor 1914 erinnere ich mich nur, wie an ein langweiliges Bilderbuch. Alle meine Kindheitserlebnisse habe ich im Kriege vergessen. Mein Leben beginnt mit der Kriegserklärung.« (ebd.)

1916 Umzug der Familie nach Pressburg (Bratislava).

1918 Vor Kriegsende wird der Vater erneut nach Budapest berufen, sodass Ödön die Nachkriegswirren in der ungarischen Hauptstadt erlebt.

Ödön von Horváth, 1919

1919 Während der Vater im Frühjahr zurück nach München versetzt wird, kommt Ödön in die Obhut seines Onkels Josef Prehnal (1875–1929) in Wien, wo er das Privatgymnasium der Salvatorianer besucht. Nach dem Abitur im Sommer zieht auch er wieder nach München, immatrikuliert sich im Herbst an der Ludwig-Maximilians-Universität und besucht psychologische, literatur-, theater- und kunstwissenschaftliche Seminare bis zum Wintersemester 1921/22.

1920 Ödön beginnt Gedichte zu schreiben. Über seinen Werdegang als ›Literat‹ berichtet er später in einem Radiointerview: »Ich besuchte 1920 in München die Universität und hatte, wie man so zu sagen pflegt, Interesse an der Kunst, hatte mich selber aber in keiner Weise noch irgendwie künstlerisch betätigt – nach außen hin – innerlich, mit dem Gedanken schon, da sagte ich mir: Du könntest doch eigentlich Schriftsteller werden, du gehst doch zum Beispiel gern ins Theater, hast bereits allerhand erlebt, du widersprichst gern, fast dauernd, und dieser eigentümliche Drang, das was man so sieht und erlebt und vor allem: was man sich einbildet, dass es die Anderen erleben, niederzuschreiben, den hast du auch – und dann weißt du auch, dass man nie Konzessionen machen darf und dass es dir immer schon gleichgültig war, was die Leute über dich geredet haben – und so hatte ich eigentlich schon auch das, was pathetische Naturen als die ›Erkenntnis einer dichterischen Mission‹ bezeichnen.« (ebd., S. 198 f.)

1923 Ödön beginnt intensiv zu schreiben, doch die meisten Manuskripte aus diesen Jahren vernichtet er.

1924 Im Satireblatt »Simplicissimus« erscheinen erstmals Horváths »Sportmärchen«. Nach einer längeren Parisreise mit dem Bruder beschließt Ödön nach Berlin um-

M

zuziehen, und in Berliner Zeitungen werden in den nächsten Jahren weitere Sportmärchen publiziert.

1926 Es entstehen die Dramen »Revolte auf Côte 3018«, das den Bau der Zugspitzbahn zum Anlass nimmt, und »Zur schönen Aussicht«.

1927 Im Berliner Büro der »Deutschen Liga für Menschenrechte« sichtet Horváth Unterlagen für eine Denkschrift zur Justizkrise und stößt dabei auf Material über Fememorde der Schwarzen Reichswehr, das er später in seinem Stück »Sladek oder Die schwarze Armee« verarbeitet. Die Uraufführung »Revolte auf Côte 3018« in Hamburg am 4. November wird ein Misserfolg, weshalb Horváth das Stück bearbeitet und es unter dem Titel »Die Bergbahn« vervielfältigen lässt.

Ödön von Horváth, 1929

1928 Horváth schreibt das Stück »Sladek oder Die schwarze Armee«, arbeitet es später um. Die Neufassung erhält den Titel »Sladek, der schwarze Reichswehrmann«.

1929 Mit großem Erfolg wird am 4. Januar »Die Bergbahn« in Berlin uraufgeführt. Das Haus Ullstein bietet ihm daraufhin ein Fixum und einen Vertrag an, sodass Horváth zukünftig als freier Schriftsteller leben kann. Er schreibt die Posse »Rund um den Kongreß«, einzelne Kapitel des späteren Romans »Der ewige Spießer« sowie die »Geschichten der Agnes Pollinger« und entwirft den Roman »Der Mittelstand«. In einer Matinee-Veranstaltung wird am 13. Oktober »Sladek, der schwarze Reichswehrmann« uraufgeführt. Das Stück enttäuscht die Kritik, ruft aber bei den Nationalsozialisten heftige Angriffe hervor.

Ödön von Horváth, 1930

M

1930 Der Roman »Der ewige Spießer« erscheint im zur Ullstein AG gehörenden Berliner Propyläen Verlag, in dessen Theaterabteilung Arcadia auch seine Dramen publiziert werden. Zugleich schreibt Horváth an den beiden Volksstücken »Geschichten aus dem Wiener Wald« und »Italienische Nacht« und greift in seinem Stück »Die Lehrerin von Regensburg« das reale Schicksal der ersten protestantischen Volksschullehrerin Elly Maldaque in Regensburg auf. Am 12.9. tritt er aus der katholischen Kirche aus.

Ödön von Horváth, 1931

1931 Am 20. März wird im Berliner Theater am Schiffbauerdamm die »Italienische Nacht« mit großem Erfolg uraufgeführt. Eine entpolitisierte Fassung des Stückes hat am 5. Juli in Wien Premiere, anlässlich der Horváth in einem Interview erklärt, er habe »eben« die Geschichten aus dem Wiener Wald abgeschlossen, an denen er lange Zeit gearbeitet hatte. Im Herbst erhält Horváth auf Vorschlag Carl Zuckmayers (1896–1977) zusammen mit Erik Reger (1893–1954) den Kleist-Preis. Die Uraufführung von »Geschichten aus dem Wiener Wald« am 2. November am Deutschen Theater in Berlin wird zu einem entscheidenden Theatererfolg und macht Horváth zum anerkannten Dramatiker. Es entsteht das Volksstück »Kasimir und Karoline«.

1932 Horváth arbeitet an seinem Stück »Glaube Liebe Hoffnung«.

1933 Heinz Hilpert (1890–1967) wird von den Nationalsozialisten gezwungen, das zur Uraufführung angenommene Stück »Glaube Liebe Hoffnung« wieder abzusetzen. Auch andere Stücke Horváths dürfen nicht mehr gespielt werden. In Murnau wird das Haus der Eltern Horváths von einem SA-Trupp durchsucht. Horváth verlässt daraufhin Deutschland, wohnt zunächst in Österreich, wo er an dem Stück »Die Unbekannte aus der Seine« schreibt. Da Horváth in Deutschland als unerwünschte Person gilt und um die ungarische Staatsbürgerschaft zu behalten, muss er nach Budapest reisen. Dieses Erlebnis verarbeitet er später in der Posse »Hin und Her«.

1934 Die geplante Uraufführung des Stücks »Die Unbekannte aus der Seine« in Wien kommt nicht zustande.

1935 Horváths finanzielle Lage verschlechtert sich, da seine Stücke in Deutschland nicht mehr gespielt werden können.

1936 Horváth arbeitet intensiv an seinen Stücken, sodass »Der jüngste Tag«, »Figaro lässt sich scheiden« und »Don Juan kommt aus dem Krieg« fertig werden. Er lebt meistenteils in Wien und in Henndorf bei Salzburg.

Ödön von Horváth, um 1935

Als er im August seine Eltern in Possenhofen besucht, wird ihm mitgeteilt, seine Aufenthaltsgenehmigung sei ihm entzogen und er habe Deutschland binnen 24 Stunden zu verlassen. Am 13. November wird »Glaube Liebe Hoffnung« in Wien unter dem Titel »Liebe, Pflicht und Hoffnung« uraufgeführt.

1937 Horváth beginnt, sich von fast all seinen Bühnenstücken zu distanzieren (vgl. ebd.), und plant das Projekt »Komödie des Menschen«. Noch im selben Jahr beginnt er mit der Arbeit an seinem zweiten Roman »Ein Kind unserer Zeit«, der ein Jahr später ebenfalls im Allert de Lange Verlag veröffentlicht wird.

Ödön von Horváth, um 1936

1938 Starke Depressionen, Unzufriedenheit mit seinen Arbeiten und finanzielle Probleme hindern Horváth an der Vollendung seiner Pläne. […] Während mehrere seiner Freunde Österreich verlassen – Walter Mehring (1896–1981) emigriert nach Zürich, Hertha Pauli (1909–1972) nach Paris, Franz Theodor Csokor (1885–1969) nach Polen –, fährt Horváth zunächst nach Budapest, später weiter nach Fiume. Von Budapest schreibt er an F. Th. Csokor: »Gott, was sind das für Zeiten! Die Welt ist voller Unruhe, alles drunter und drüber, und noch weiß man nichts Gewisses! Man müsste ein Nestroy sein, um all das definieren zu können, was einem undefiniert im Wege steht! Die Hauptsache, lieber guter Freund, ist: Arbeiten! Und nochmals: Arbeiten! Und wieder: Arbeiten! Unser Leben ist Arbeit – ohne sie haben wir kein Leben mehr. Es ist gleichgültig, ob wir den Sieg oder auch nur die Beachtung unserer Arbeit er-

M

fahren, – es ist völlig gleichgültig, solange unsere Arbeit der Wahrheit und der Gerechtigkeit geweiht bleibt.« (GW 1970, Bd. 4 S. 680)

Dem Besuch weiterer Städte folgt eine Besprechung am 1. Juni mit Robert Siodmak (1900–1973) in Paris, der eine Verfilmung von »Jugend ohne Gott« plant. Horváth beabsichtigt, am nächsten Morgen nach Zürich weiterzureisen. Gegen 19.30 Uhr wird er von einem herabstürzenden Ast gegenüber dem Théâtre Marigny erschlagen.

In seiner Tasche soll man auf einer Zigarettenschachtel folgende Zeilen gefunden haben:

»Und die Leute werden sagen / In fernen blauen Tagen / Wird es einmal recht / Was falsch ist und was echt // Was falsch ist, wird verkommen / Obwohl es heut regiert. / Was echt ist, das soll kommen – / Obwohl es heut krepiert.« (ebd., S. 688).

Am 7. Juni findet die Beerdigung Ödön von Horváths auf dem Pariser Friedhof Saint-Ouen unter Anteilnahme vieler Exilautoren statt.

Arbeitsanregungen

1. Verfassen Sie eine kurze Nachricht für eine Zeitung, die über den Tod Horváths informieren und kurz dessen Werk charakterisieren soll.

2. Verfassen Sie einen etwas umfangreicheren Nachruf auf Horváth für den Feuilletonteil einer deutschsprachigen Zeitung. (Der Nachruf sollte auch eine Würdigung des Gesamtwerks enthalten.)

3. Informieren Sie sich über jene Werke (Stücke und Romane), die Horváth im Umkreis der Entstehung des Dramas »Geschichten aus dem Wiener Wald« schrieb (»Sladek, der schwarze Reichswehrmann«, »Italienische Nacht«, »Kasimir und Karoline«, »Glaube Liebe Hoffnung«, »Der ewige Spießer«). Nutzen Sie dazu entsprechende Nachschlagewerke (z.B. Kindlers Literaturlexikon, Killy Literaturlexikon, Reclams Romanführer usw.). Stellen Sie kurze Inhaltsangaben in Form von Referaten den anderen Kursteilnehmern vor.

4. Überlegen Sie sich einen Katalog von Fragestellungen für ein Interview mit Horváth. In welche Richtung würde Ihr Interesse bei den Fragen gehen?

5. Schlagen Sie in einigen Ihnen zugänglichen Literaturgeschichten jene Stellen auf, wo auf Horváth Bezug genommen wird. Welche literaturgeschichtliche Zuordnung findet er? Welche Verdienste werden besonders herausgestrichen?

M

1931, kurz vor der Uraufführung der »Geschichten aus dem Wiener Wald«, wurde Horváth für den Kleist-Preis vorgeschlagen. Zuckmayer begründete seine Nominierung für Horváth (neben Erik Reger für dessen Roman »Union der festen Hand«) wie folgt:

Carl Zuckmayer

[Urteilsbegründung] 1931

Horváth scheint mir unter den jüngeren Dramatikern die stärkste Begabung, darüber hinaus, der hellste Kopf und die prägnanteste Persönlichkeit zu sein. Seine Stücke sind gleichwertig, manchmal sprunghaft und ohne Schwerpunkt. Aber niemals wird sein Ausdruck mittelmäßig, was er macht, hat Format, und sein Blick ist eigenwillig, ehrlich, rücksichtslos. Seine Gefahr ist das Anekdotische, seine Stärke die Dichtigkeit der Atmosphäre, die Sicherheit knappster Profilierung, die lyrische Eigenart des Dialogs. Es wäre ein Missverständnis, ihn für einen Satiriker zu halten, obwohl einzelne seiner Figuren und Situationen satirisch gezeichnet, d. h. von einem kritischen Blickpunkt aus überzeichnet sind. Wesentlich sind aber bei ihm nicht diese Momente, sondern das Weltbild und seine künstlerische Umschmelzung. Es ist anzunehmen, dass er der dramatischen Kunst, die immer und ohne Einschränkung eine Menschenkunst und eine Sprachkunst bleibt, neue, lebensvolle Werte zuführen wird.

An Horváth selbst richtete Carl Zuckmayer folgendes Schreiben:

M

Carl Zuckmayer

Brief an Ödön von Horváth 1931

Ich muss Ihnen einen Gruß schicken und meinen Dank sagen, in großer Freude über Ihr dichterisches, mutiges und kluges Lustspiel. Da ist Blick und Griff, Sicherheit des Instinkts, Humor und vor allem: innere Unabhängigkeit. Der große Reiz des Stückes liegt für mich vor allem in der bezaubernden Leichtigkeit und Echtheit der Dialoge, deren Verknüpfungen und geistigen Hintergründe ebenso sicher wie absichtslos, unaufdringlich, spürbar sind, – und in der Luft zwischen den Menschen, der Lebensdichtheit der Atmosphäre. Vielfach wird man Ihr Stück missverstehen – wird versuchen, es politisch einzuschachteln, abzugrenzen, dem Schlagworthorizont bequemer und billiger fassbar zu machen. Kümmern Sie sich nicht darum, lassen Sie sich nicht beirren! Ihr Weg ist richtig, er führt zu neuer Menschengestaltung, zu neuer Lebensdeutung, zum neuen deutschen Drama. Ich beglückwünsche Sie dazu!

Im »Völkischen Beobachter«, dem publizistischen Organ der NSDAP, erregte sich Rainer Schlösser über die Nominierung Ödön von Horváths. Hier ein Auszug aus seinem Zeitungsartikel:

Rainer Schlösser

[Stellungnahme zur Preisverleihung] 1931

Dieser Tage ist der Kleistpreis für das Jahr 1931 verteilt worden. Vielleicht gibt es noch harmlose Gemüter, in denen das Wort Kleistpreis Vorstellungen von völkischem Verdienst und deutscher Dichtung wachruft. Nahe genug läge das ja. Denn eine Ehrengabe, die den Namen des preußischsten unter den deutschen Dichtern trägt, den Namen des größten nationalen Hassers, den unser Schrifttum kennt, den Namen dessen, der die »Hermannsschlacht« und den »Prinzen von Homburg« schuf, eine solche Ehrengabe – sollte man meinen – dürfte nur den vornehmsten völkischen Belangen dienen. Indessen gilt auch hier wie annoch im Pseudo-Geistesleben unserer Zeit überhaupt der Satz: Der Deutsche denkt, und der Jude lenkt.

Lenkt mit Hilfe des Kleistpreises die Aufmerksamkeit der Öffentlichkeit auf Produkte zumeist jüdischer Autoren, die der Berühmtheit noch entraten. Wofür die Preisverteilung 1931 ein treffliches Beispiel ist.

Der diesjährige Vertrauensmann der Kleist-Stiftung war der Halbjude Carl Zuckmayer, sattsam bekannt durch seine üblen Machwerke »Der fröhliche Weinberg« und »Der Hauptmann von Köpenick«. Er sprach den Preis den »Dichtern« Ödön von Horváth und Erik Reger zu. Was Zuckmayers Stücke schon bewiesen, jetzt bestätigt es auch seine Preisrichtertätigkeit: dass er allen Geschmacks und Urteilsvermögens bar ist. Dergleichen Eigenschaften bedarf man ja freilich heute auch gar nicht mehr, um zu literarischem Ruf zu gelangen. Ästhetische Ahnungslosigkeit empfiehlt vielmehr geradezu – ist sie nur mit der nötigen Linkseinstellung verbunden. Und die besitzt Zuckmayer fraglos, sonst würde er nicht wertloseste, dürftigste und platteste Tendenzliteratur wie die von Reger und Horváth prämiert haben.

»Horváth«, begründet Zuckmayer seine Entscheidung. »scheint mir unter den jungen Dramatikern die stärkste Begabung zu sein.« (Der Schein trügt, zuckriger Weinberg!) »Es ist anzunehmen, dass er der dramatischen Kunst, die immer Menschenkunst bleibt, neue, lebensvolle Impulse zuführen wird.«

Wie heißen nun die weitesten Kreisen unbekannten Meisterwerke des »jungen Ungarn« Horváth? Nun, der erste war »Sladek, der schwarze Reichswehrmann« betitelt – was wohl genug besagt. So recht eine Offenbarung seiner schönen Seele hat Horváth dann in seiner »Italienischen Nacht« gegeben, einem »Zeitspaß«, den Kerr »himmlisch« fand. Hier tadelt Horváth das Reichsbanner, das ihm, dem Salonkulturbolschewisten, zu wenig aktivistisch ist, wo doch der »Feind« (gemeint ist der Nationalsozialismus) vorgeblich im Dunkeln munkelt. Das Ganze ist ein ebenso fades wie lächerliches Beispiel dafür, wie der kleine Ödön sich die große Deutsche Freiheitsbewegung vorstellt. Jedenfalls hat Kerr recht, wenn er von Horváth sagt: »Einer, der zu uns gehört« […] Doch genug des grausamen Spiels! […] Hinzuzufügen wäre ehestens noch: Wenn der Herr Kerr sagt, Horváth gehöre zu ihm – so beglückwünschen wir Kerr zu solch lieblicher Kumpanei. […] Und wir wissen, dass Horváth deutschen Menschen nichts, aber auch gar nichts zu sagen hat.

M

Arbeitsanregungen

1. Nach welchen Kriterien beurteilt Zuckmayer das Werk von Horváth?

2. Was stellt er als preiswürdig am Horváth'schen Werk heraus?

3. Welche Charakterisierungen könnten auf eine Beurteilung der »Geschichten aus dem Wiener Wald« bezogen werden?

4. Nach welchen Kriterien beurteilt Schlösser das Werk von Horváth?

5. Mit welchen Strategien der Diffamierung arbeitet Schlösser?

6. Was könnte man Schlösser entgegensetzen?

Entstehung

Meyers Lexikon

Geschichte Österreichs: Die erste Republik (1918–1938) 2007

Der Waffenstillstand wurde noch von der letzten kaiserlichen Regierung unterzeichnet (3.11.), sie trat am 11.11.1918 zurück, am gleichen Tag verzichtete Karl I. auf den Thron. Die Provisorische Nationalversammlung (bestehend aus den 1911 gewählten deutschen Reichsratsabgeordneten) proklamierte die »Republik Deutschösterreich« und erklärte sie zum Bestandteil der »Deutschen Republik«. Der Sozialdemokrat K. Renner bildete als Staatskanzler aus allen in der Nationalversammlung vertretenen Parteien eine Koalitionsregierung, die in der Folgezeit das Verhältniswahlrecht (anstelle des Mehrheitswahlrechts) einführte. In der Republik waren erstmals auch alle Frauen wahlberechtigt. In den Koalitionsregierungen 1918–1920 entstanden bedeutende Sozialgesetze (z.B. Schaffung der Arbeiterkammer als gesetzliche Interessensvertretung der Arbeiter und Angestellten, Acht-Stunden-Tag, Sozialversicherung). Der Adel wurde im April 1919 abgeschafft, Mitglieder der Familie Habsburg-Lothringen durften nur in Österreich bleiben, wenn sie sich als Bürger der Republik bekannten und jeden Herrschaftsanspruch aufgaben.

Nach alliierter Einlösung der Territorialforderungen der ČSR (Sudetenland) und Italiens (Südtirol) konnte sich Österreich nur in den Abstimmungsgebieten in Südkärnten und Deutsch–Westungarn (Burgenland) behaupten, auch Vorarlberg blieb bei Österreich. Dagegen wurde der Verzicht auf

M

Südtirol und die sudetendeutschen Gebiete im Versailler Vertrag (1919) und im Vertrag von Saint-Germain-en-Laye (1919) festgeschrieben, die beide zugleich den Anschluss an das Deutsche Reich verboten. Österreich wurde in den Völkerbund aufgenommen. Der deutsche Reststaat der einstigen Donaumonarchie, territorial ein Achtel der Gesamtmonarchie, erhielt grundlegend veränderte politische, wirtschaftliche und soziale Strukturen; als Nachfolgestaat war er mit hohen Reparationsleistungen belastet, die den politischen und wirtschaftlichen Neubeginn erschwerten.

1920 wurde das neue österreichische Bundes-Verfassungsgesetz (B-VG) beschlossen. Die Bundesregierung stellten seit 1920 die Christlichsozialen und ihre Koalitionspartner vom rechten Flügel. Die Sozialdemokraten, Mehrheitspartei im »Roten Wien«, waren auf Bundesebene in scharfer Opposition.

Die Hyperinflation der frühen zwanziger Jahre wurde 1925 durch die Einführung der Schillingwährung beendet. Die konservative Regierung sorgte dafür, dass der Schilling stabil blieb; er wurde als Alpendollar bezeichnet. Kehrseite dieser kargen Wirtschaftspolitik war, dass in der 1929 einsetzenden Weltwirtschaftskrise kaum staatliche Maßnahmen zur Bekämpfung der enorm hohen Arbeitslosigkeit vorgesehen waren.

Bis 1932 konnte keine der bürgerlichen Regierungen dauerhafte wirtschaftliche Erfolge erringen. Seit Oktober 1926 wechselten die Kabinette rasch, die politische Polarisierung zwischen Sozialdemokratie und bürgerlichen Parteien verstärkte sich. Die nichtstaatlichen bewaffneten Selbstschutzformationen der Parteien (der Republikanische Schutzbund der Sozialdemokraten, die am italienisch-faschistischen Vorbild ausgerichteten Heimwehren), die sich blutige Zusammenstöße lieferten, gefährdeten die Demokratie.

Diese politischen Wehrverbände zogen Männer an, die als Sozialdemokraten einen Umsturz fürchteten oder als Rechte die Demokratisierung ablehnten. 1927 wurde in Schattendorf im Burgenland auf waffenlos demonstrierende Schutzbündler gefeuert. Ein Invalider und ein Kind kamen zu Tode. Der Freispruch der Schützen, ein klassischer Justizirrtum, ließ Radikale am 15. Juli 1927 den Justizpalast in Wien stürmen und in Brand stecken. Die völlig überforderte Polizei schoss daraufhin in äußerster Brutalität wahllos in die große Menschenmenge und machte dann Jagd auf flüchtende Demonstranten. Bei der so genannten Julirevolte waren 89 Tote zu beklagen, davon vier Polizisten. Bundeskanzler Prälat Dr. Ignaz Seipel (»Keine Milde!«) verteidigte im Parlament das skandalöse Vorgehen der Polizei.

In den folgenden Jahren führten die schlechte Wirtschaftslage und politische Auseinandersetzungen Österreich immer tiefer in eine Krise. Der Austromarxismus sprach vom Endziel Diktatur des Proletariats und machte damit allen Konservativen Angst; allerdings wollte man dieses Ziel auf demokratischem Weg erreichen. Auf der rechten Seite des Parteienspektrums machte sich teilweise die Auffassung breit, die Demokratie sei zur Lösung der Probleme des Landes nicht geeignet. Mussolini war dafür Vorbild.

1930 gelang zwar der Regierung von J. Schober die Liquidierung aller Kriegsschulden und der alliierten Generalpfandrechte, nicht aber die Bildung einer Deutsch-Österreichischen Zollunion. Die Weltwirtschaftskrise brachte hohe Arbeitslosigkeit und völlige Zerrüttung der Staatsfinanzen. Im April 1932 siegte die nationalsozialistische Partei, die organisatorisch der deutschen Parteileitung unterstellt war, in Landtags- und Gemeindewahlen. Im Mai 1932 bildete E. Dollfuß als Bundeskanzler eine Koalitionsregierung aus CP, LB und Heimatblock. Die schwache parlamentarische Mehrheit und der Aufschwung der nationalsozialistischen Bewegung veranlassten Dollfuß im Mai 1932, den Nationalrat auszuschalten und mit Notverordnungen zu regieren. Die NSDAP wurde offiziell verboten, setzte aber ihre Tätigkeit illegal fort. Im Februar 1934 wurden auch die Sozialdemokraten nach einem Aufstand des Republikanischen Schutzbundes aufgelöst. Mit der Maiverfassung 1934 wurde die Abkehr von demokratischen Prinzipien legalisiert. Die Vaterländische Front, einzige politische Partei, propagierte einen Ständestaat, der von autoritärem Katholizismus und Heimwehrfaschismus geprägt sein sollte. Die Römischen Protokolle (17.3.1934) sicherten die Verbindung zu Italien und Ungarn. Als beim fehlgeschlagenen nationalsozialistischen Juliputsch am 25.7. Dollfuß ermordet wurde, musste sich Hitler wegen der Haltung Mussolinis von den Vorgängen distanzieren, doch sandte er F. von Papen als Sonderbotschafter nach Wien, um den »Anschluss« vorzubereiten. Die Annäherung zwischen Mussolini und Hitler seit dem Italienisch-Äthiopischen Krieg 1935/36 zwang Dollfuß' Nachfolger K. Schuschnigg zum Abkommen mit Deutschland, das die staatliche Integrität Österreichs und die Nichteinmischung im Inneren garantierte, aber Österreich zu einer an Deutschland orientierten Außenpolitik verpflichtete (Juli 1936). Gleichzeitig nahmen der nationalsozialistische Druck und die Unterwanderung des Regierungsapparats zu. Nach der Zusammenkunft Hitlers mit Schuschnigg in Berchtesgaden (12.2.1938) erzwang Hitler die Einsetzung des Nationalsozialisten A. Seyß-Inquart zum Innenminister. Unter deutschem Druck gab Schuschnigg die für den 13.3.1938 geplante Volksabstimmung über den Erhalt der Unabhängigkeit auf und trat am 11.3. zurück. Nach dem Einmarsch deutscher Truppen am 12.3. vollzog der von Bundespräsident W. Miklas zum Bundeskanzler ernannte Seyß-Inquart den »Anschluss« an das Deutsche Reich (durch

Volksabstimmung am 10.4. bestätigt). Sofort danach setzte die Internierung von Regimegegnern ein (Ausbau des KZ Mauthausen), auch in die Judenverfolgungen wurde Österreich einbezogen.

M

Die »Geschichten aus dem Wiener Wald« entstehen – wie viele Stücke Horváths – aus einem komplexen, vielschichtigen Arbeitsprozess, in dem Horváth Themen, Figurenkonstellationen und Motive entwirft, unterschiedlich arrangiert und verändert. Ein Blick in den Nachlass Horváths zeigt, dass er viele parallele Entwürfe und Ansätze zur Endfassung der »Geschichten« verfasste. So existieren auch mehrere Versionen für den Schluss des Stückes.

Ödön von Horváth

[Zwei Fassungen des Dramenschlusses] 1931

Die **Endfassung** *schließt wie folgt:*

Marianne Ich kann nicht mehr. Jetzt kann ich nicht mehr.
Oskar Dann komm.

Er stützt sie, gibt ihr einen Kuss auf den Mund und langsam ab mit ihr – und in der Luft ist ein Klingen und Singen, als spielte ein himmlisches Streichorchester die »Geschichten aus dem Wiener Wald« von Johann Strauß.

M

In einer **vorläufigen Fassung** *schloss sich daran noch ein Auftritt Alfreds an, der vom Turm herabsteigt und sagt:*

Alfred Ich bin traurig. Wirklich. Ich habe jetzt grad so gedacht – so ohne Kinder hört man eigentlich auf. Man setzt sich nicht fort und stirbt aus. Schad!

Das sind seine letzten Sätze. Dann wird es finster und ein großes Streichorchester spielt die »Geschichten aus dem Wiener Wald« — und die Szene verändert sich zum Schlusstableau: in einem kitschigen Barocksaal wird Oskars und Mariannens Hochzeit gefeiert; Einzug, Solotanz des Brautpaares und allgemeiner Tanz; unter den Hochzeitsgästen bemerkt man Mathilde, Alfred, Erich, den Rittmeister, die erste und die zweite Tante nebst der ganzen Verwandtschaft, Havlitschek in Sonntagsstaat, den Beichtvater, die Großmutter, Mutter und Tochter, Emma und die gnädige Frau, den Conferencier mit Damen vom Ballett und den dazugehörigen Kavalieren; ja selbst der Mister fehlt nicht – er überreicht der Braut einen prächtigen Strauß weißer Lilien; und allen voran natürlich der Zauberkönig. – Dann fällt der Vorhang. Happy End.

Schlusstableau Schlussbild

Der Rittmeister *tritt vor den Vorhang* Meine Damen und Herren! Leider Gottes sind anlässlich der heutigen Hochzeit eine derartige Anzahl von Hochzeitsgratulationen eingetroffen, dass sich Oskar und Marianne, unser junges Paar, außerstande sehen, einem jeden separat zu danken. Ich habe nun den ehrenvollen Auftrag, Ihnen, meine Sehrverehrten, im Namen unserer Jungvermählten für all die liebenswürdigen Glückwünsche von ganzem Herzen zu danken! Ich danke Ihnen, meine Damen und Herren!

Arbeitsanregungen

M

1. Horváth schreibt, »das Stück spiele in unseren Tagen«. Welche Anspielungen auf die politische Situation finden sich in dem Stück (Die »Geschichten aus dem Wiener Wald« entstehen in den Jahren 1930 und 1931)?

2. Würden Sie als Regisseur den von Horváth zunächst konzipierten Schluss für Ihre Inszenierung übernehmen oder ließen Sie es bei dem Schluss der Endfassung? Entscheiden Sie sich und formulieren Sie Ihre Argumente, die für die vorläufige bzw. endgültige Fassung des Schlusses sprächen, schriftlich.

Erzählung/Drama

Peter Handke unternahm unter dem Titel »Totenstille beim Heurigen« den, wie er es nannte, »Versuch einer Analyse« mit Hilfe einer Nacherzählung von Ödön von Horváths »Geschichten aus dem Wiener Wald«. Im Folgenden ist der Anfang der »Nacherzählung« wiedergegeben:

Peter Handke

Totenstille beim Heurigen — 1970

Draußen in der Wachau, vor einem Häuschen am Fuße einer Burgruine, in der Nähe der schönen blauen Donau, während in der Luft ein Singen und Klingen ist, als verklänge irgendwo immer wieder der Walzer »Geschichten aus dem Wiener Wald« von Johann Strauß, sitzt Alfred, von dem man nur den Vornamen kennt, auf Besuch bei seiner Mutter, die ihm tief in die Augen schaut, und verzehrt mit gesegnetem Appetit Brot, Butter und saure Milch. In einer halben Stunde, sagt er, werde ihn sein Freund, der Hierlinger Ferdinand, abholen. Schon? fragt die Mutter. Leider! antwortet Alfred. »Dann iß bitte nicht die ganze sauere Milch zusammen«, sagt die Mutter. Alfred ist nicht mehr bei der Bank, weil das keine Entfaltungsmöglichkeiten bietet. Er hat sich selbständig gemacht: Finanzierungsgeschäfte und so –. Als er das sagt, verschluckt er sich und hustet stark. »Jetzt war ich aber fast erstickt«, sagt er. Stille. »Apropos ersticken: wo steckt denn die liebe Großmutter?« fragt Alfred.

Die Großmutter sitzt in der Küche und betet; denn sie leidet an Angst. Jetzt tritt sie mit einer Schale sauerer Milch aus dem Haus und schreit: »Frieda! Frieda!« Der Enkel hat ihr die saure Milch gestohlen. Er streckt ihr die Zunge heraus. Auch sie streckt ihm die Zunge heraus: »Bäääh!« Stille. Plötzlich schüttet sie die Schale aus, und da kommt auch schon der Hierlinger Ferdinand mit Valerie, einer Fünfzigerin im Autodreß, und Alfred macht die beiden mit seiner Mutter und seiner lieben Großmutter bekannt. Während die Mutter dem Hierlinger Ferdinand die Burgruine zeigt, haben Alfred und Valerie eine Auseinandersetzung. Er hat sie um Geld betrogen, das sie ihm für Rennwetten gegeben hat. Die Großmutter sitzt daneben und horcht, hört aber nichts. »Du wirst mir jetzt geben, was mir gebührt«, sagt Valerie. »Siebenundzwanzig Schilling. S'il vous plaît!« Alfred gibt ihr das Geld: »Voila!« »Merci!« sagt Valerie und zählt nach.

Sie streiten. Plötzlich küßt Valerie seine Hand. »Nein, nicht so –«, sagt Alfred. Der Hierlinger Ferdinand schreit vom Turm herunter, es sei wunderschön dort oben. Alfred ruft zurück, fixiert dann Valerie: »Was? Du weinst?« Weinerlich antwortet Valerie: »Aber keine Idee –«

(*Text in alter Rechtschreibung*)

M

Heinz Geiger

Geschlossene und offene Form des Dramas — 1973

Das geschlossene Drama besitzt stets eine eindeutige Haupthandlung (Einsträngigkeit, eventuelle Nebenhandlungen ohne Eigengewicht), die linear und kontinuierlich durchgeführt wird und in sich kausal verknüpft ist: eine Szene geht folgerichtig aus der anderen hervor. Die enge Verzahnung des dramatischen Vorgangs und der Szenen gewährleistet das Prinzip der Personenkette. Die Einheit und Ganzheit der Handlung vor allem resultiert aus der Beschränkung des dramatischen Vorgangs auf eine knappe Raum–, Zeit und Geschehnisspanne. Wiedergegeben wird nur der Ausschnitt aus einem größeren Ereignisganzen (Endphase und Höhepunkt), dieser jedoch als vorgangsmäßig eng gefugtes Kontinuum. Dies erfordert aber zwangsläufig die zeitliche Kontinuität, d. h. den Ablauf des Geschehens in einer knappen, nahezu ununterbrochenen Zeiterstreckung (weitgehende Kongruenz von Spielzeit und gespielter Zeit). Die Einheit der Zeit wird ihrerseits erst durch die Einheit des Raumes ermöglicht, da im Drama mit jedem Ortswechsel in der Regel ein Zeitsprung (Ausnahme: die Veranschaulichung eines Simultanvorgangs), zumindest aber eine Unterbrechung der Handlungs- und Zeitkontinuität verbunden ist.

Die Tendenz zur Konzentration [...] äußert sich auch in der zahlenmäßigen und ständischen Beschränkung des Personenkreises: geringe Anzahl von Personen, keine Massenszenen, wenige Nebenfiguren, die vom Anfang bis zum Ende im Stück vorkommen bzw. mehrfach auftreten. Die Nebenpersonen [...] sind weit mehr Abspaltungen der Hauptfiguren (Diener, Amme etc.). Dies bedingt die einheitliche Sprache von Haupt- und Nebenpersonen (hoher Stil, Pathos, Vers, Sentenzenreichtum). Der Dialog besteht aus Rededuellen [...] und in sich geschlossenen, wohlgefügten Redegebäuden.

Die regelhafte Ordnung sowie die Gesetze der Proportion und Symmetrie (ausbalancierte Zweipoligkeit von Spiel und Gegenspiel, von Protagonist und Antagonist, von Hauptfigur und Vertrautem) bestimmen, kennzeichnen auch den Handlungsaufbau (pyramidale Struktur, fünf Akte mit Mittelachse im dritten Akt).

Vielheit und Dispersion bestimmen hingegen die Handlung im offenen Drama. Mehrere Handlungsstränge laufen gleichberechtigt nebeneinander her, die auch in sich mehr oder minder stark der Kontinuität entbehren. Im Extremfall besteht die Handlung aus einer Abfolge von völlig selbständigen, räumlich und zeitlich voneinander isolierten Einzelbegebenheiten (Stationentechnik). Die Koordination der dispergierenden Handlung erfolgt 1. durch Mittel der »komplementären Stränge«: ein Kollektivstrang, der das Thema bzw. den Sachverhalt des Stückes enthält, und ein Privatstrang, in dem jener an einem Einzelfall aktualisiert wird., bedingen, ergänzen und erklären einander; 2. durch die metaphorische Verklammerung: einzelne sich leitmotivisch durch das ganze Stück hindurchziehende Wörter und Sprachbilder [...] stiften ein enges latentes Bezugssystem; 3. durch das »zentrale Ich« : die meist in allen Szenen auftretende und im Mittelpunkt stehende Hauptfigur [...] ersetzt hier die fehlende Kontinuität der dramatischen Handlung. Die weite Zeiterstreckung der Handlung [...] ermöglicht nicht mehr, das Geschehen als vorgangsmäßiges und zeitliches Kontinuum darzubieten. Gleichzeitig ist damit auch die räumliche Kontinuität aufgegeben. [...] Der Raum wird somit nie zum neutralen allgemeinen Rahmen des Geschehens wie im geschlossenen Drama, er nimmt vielmehr aktiv am Geschehen teil, charakterisiert und bestimmt das Verhalten der Personen.

Dispersion
feinste Verteilung eines Stoffes in einem anderen

dispergierend
vgl. oben – auseinanderstrebend; zerstreut

Der Vielheit von Handlung, Raum und Zeit entspricht die zahlen- und standesmäßige Vielzahl der Dramenpersonen. [Im offenen Drama] entsprechen die Pluralität der Sprachbereiche (verschiedene Berufs- und Standessprachen) und eine vorwiegend sprunghaft–assoziative Gedankenentwicklung der Personen der Vielheit und Dispersion des dramatischen Geschehens. Die Inkohärenz des Dialogs findet ihren sichtbaren Ausdruck in der Satzkonstruktion und Satzfolge.

Inkohärenz **Zusammenhanglosigkeit**

Arbeitsanregungen

1. Vergleichen Sie die Fassung der ersten Szene des Horváth'schen Stückes mit der »Nacherzählung« von Peter Handke. (mögliche Beobachtungsaufträge: Was übernimmt Handke? Was lässt er weg. Wie montiert er seine Nacherzählung? usw.)

2. Wie unterscheiden sich erzählende Texte von Dramentexten?

3. Wie kann Handke auf die Idee kommen, von seiner Nacherzählung als einer möglichen »Analyse« des Stückes zu sprechen?

4. Beziehen Sie die Kriterien der »geschlossenen« bzw. »offenen Dramenform« (Ort, Zeit, Handlung, Figuren, Sprache) auf Horváths »Geschichten aus dem Wiener Wald«.

5. Welche Bedeutung kommt den jeweiligen Orten bzw. Ortswechseln zu?

6. Wie verhalten sich »gespielte Zeit« und »Spielzeit« zueinander?

7. Lassen sich verschiedene »Sprachen« der Figuren ausmachen?

8. Wie setzt sich das Figurenmaterial zusammen? Aus welcher Gesellschaftsschicht stammen sie?

M

Volksstück

Wilhelm Große

Volksstück 2008

»Volksstück« kann vieles meinen. Mit »Volksstück« bzw. mit »Volk« kann zum einen gemeint sein, dass der Rezipient des Stückes im Wesentlichen das »Volk« ist, ein inhomogenes Publikum, oder im allgemeinsten Sinne die »untere« soziale Schicht im Gegensatz zu dem gesellschaftlich Oberen. »Volksstück« als Teil des Volkstheaters wäre dann jenes Stück, das vornehmlich für das Volkstheater zur Unterhaltung oder Belehrung des Volkes geschrieben wurde. »Volksstück« kann aber auch meinen, dass das Volk im Wesentlichen das Thema des Stückes ausmacht. Schließlich wäre beim Volksstück daran zu denken, dass – vergleichbar dem Volkslied – das Volksstück einen, jedoch anonym bleibenden Verfasser hat, also mehr oder weniger dem »Geiste« des Volkes entsprungen ist.

Kurz: »Volksstück kann ein Stück von dem, über das, für das Volk sein, es kann auf der thematischen Ebene Probleme des Volkes erfassen oder unterhaltend und belehrend auf das Volk wirken.« (*Jürgen Hein im Killy Literaturlexikon*)

Bertolt Brecht

Anmerkungen zum Volksstück 1952

Das Volksstück ist für gewöhnlich krudes und anspruchsloses Theater, und die gelehrte Ästhetik schweigt es tot oder behandelt es herablassend. Im letzteren Fall wünscht sie es sich nicht anders, als es ist, so wie gewisse Regimes sich ihr Volk wünschen: krud und anspruchslos. Da gibt es derbe Späße, gemischt mit Rührseligkeiten, da ist hanebüchene Moral und billige Sexualität. Die Bösen werden bestraft, und die Guten werden geheiratet, die Fleißigen machen eine Erbschaft, und die Faulen haben das Nachsehen. Die Technik der Volksstückschreiber ist ziemlich international und ändert sich beinahe nie. Um in den Stücken zu spielen, muß man nur unnatürlich sprechen können und sich auf der Bühne in schlichter Eitelkeit benehmen. Es genügt eine tüchtige Portion der gefürchteten Routiniertheit des Dilettantismus. Die Großstädte sind mit der Zeit gegangen, als sie vom Volksstück zur Revue übergingen. Die Revue verhält sich zum Volksstück wie der Schlager zum Volkslied, wenn man berücksichtigt, daß das Volksstück niemals so edel war wie das Volkslied.

(*Text in alter Rechtschreibung*)

M

M

Theodor W. Adorno

Reflexion über das Volksstück ______________ 1967

Die Gattung [des Volksstücks] gab zu verstehen, kleinstädtisches, ländliches Leben, die Reste des vorindustriellen Zustands, taugten mehr als die Stadt; der Dialekt sei wärmer als die Hochsprache, die derben Fäuste die rechte Antwort auf urbane Zivilisation. Im Volksstück tobte die Rancune derer sich aus, die, ausgeschlossen von der offiziellen Kultur oder nicht mitgekommen mit ihr, einen engen Sonderbereich sich reservierten, wo sie endlich Mensch sein, nämlich so unmenschlich sein durften, wie sie wollten; denen bereits das Herz aufging, wenn etwas kein Goethe g'schrieben und kein Schiller 'dicht hat, sondern der Götz von Berlichingen.

Rancune **Groll, heimliche Feindschaft**

Freilich ging die Gattung nicht so ganz darin auf. Soweit ihr böse Abgekapseltes das böse Netz zerreißen wollte, mit dem die losgelassene Vergesellschaftung die Menschen überspann, erhielt sie einen Bodensatz von Wahrheit, den queren, seiner selbst unbewußten Widerstand der potentiellen Opfer. Er gedieh am besten, wo das Volksstück dem Volk so genau aufs Maul schaute und dabei soviel Geist mobilisierte, daß die urigen Urbilder ins Wackeln gerieten. Nestroys raunzendes Welttheater blieb das höchste Modell solcher Volksstücke. Ihr Typus bot dem einige Zuflucht, was dem Schmutzstrom des bürgerlichen Idealismus entrann.

Unterdessen sind dem Volksstück neue Kräfte zugewachsen. Das gesellschaftliche Unwesen, die Abstraktheit, zu der es menschliche Beziehungen verdammt, weigert sich der konkreten Darstellung. Brecht bereits wußte, daß man den Kapitalismus als solchen nicht, wie es die Ideologie im Osten verlangt, unmittelbar, nämlich »realistisch« aufs Theater bringen kann. Vollends jenseits der Möglichkeit von Realismus ist das Grauen der Hitlerwelt. Neben den infantilistischen Vereinfa-

infantililistisch **auf der Entwicklungsstufe eines Kindes verharrend**

chungen fehlen bei Brecht denn auch nicht Reprisen des Volksstücks wie in »Furcht und Elend des Dritten Reichs« und – mit fragwürdigem Ergebnis – im »Puntila«. Wenn schon das Unwesen nicht sich abbilden läßt, dann wenigstens, so lautet die latente Reflexion, das, was sie den Menschen antut, wie es an ihnen ausgeht, was aus ihnen im Bann des Unsäglichen wird. Das Volksstück schlägt um ins Antivolksstück.

Reprise
Wiederholung

Diese junge Tradition, die vielleicht eher als von Brecht von Ödön von Horváth gestiftet ward, setzt Hochwälders Komödie[1] fort. Die alten Volksstückfiguren, der saftige Prachtkerl, die mannstolle Tochter, die heuchlerischen Honoratioren lassen wie im Angsttraum sich wiedererkennen. Sie haben im Salz gelegen, gebeizt, bis es auf der Zunge schmerzt. Die neue Geborgenheit, die da vorgestellt wird, explodiert und offenbart sich als Kleinhölle. Die heile Welt, von der die Ideologie faselt, mit dem schmiedeeisernen Aushängeschild vom Weißen Lamm und dem Giebeldach aus Märchenillustrationen, ist die des vollendeten Unheils, die Volksgemeinschaft der Kampf aller gegen alle. [...] Der Zuschauer ist in Versuchung, die Gleichung, daß der Prachtkerl der Hauptschuft ist, umzukehren und den Hauptschuft für einen Prachtkerl zu halten, so wie seine Spezis es tun, die er alle übers Ohr haut. Was Hochwälder verlangt, ist eine veränderte Gestalt des Widerstands. Das Publikum muß der Suggestion des Stücks selbst widerstehen, wenn es das Stück verstehen will, sich dem Bann überantworten, um das Entsetzen des Gemütlichen zu spüren und dadurch ihm abzusagen.

1 Vgl. Fritz Hochwälder, Der Himbeerpflücker. Komödie, München, Wien 1965. (Theater-Texte, j.)

(*Text in alter Rechtschreibung*)

M

Interview mit Ödön von Horváth zum Thema »Volksstück« 1932

Horváth Ich gebrauchte diese Bezeichnung »Volksstück« nicht willkürlich, d.h. nicht einfach deshalb, weil meine Stücke mehr oder minder bayerisch oder österreichisch betonte Dialektstücke sind, sondern weil mir so etwas Ähnliches, wie die Fortsetzung des alten Volksstückes vorschwebte. – Des alten Volksstückes, das für uns junge Menschen mehr oder minder natürlich auch nur noch einen historischen Wert bedeutet, denn die Gestalten dieser Volksstücke, also die Träger der Handlung haben sich doch in den letzten zwei Jahrzehnten ganz unglaublich verändert. – Sie werden mir nun vielleicht entgegenhalten, dass die sogenannten ewig-menschlichen Probleme des guten alten Volksstückes auch heute noch die Menschen bewegen. – Gewiss bewegen sie sie – aber anders. Es gibt eine ganze Anzahl ewig–menschlicher Probleme, über die unsere Großeltern geweint haben und über die wir heute lachen – oder umgekehrt. Will man also das alte Volksstück heute fortsetzen, so wird man natürlich heutige Menschen aus dem Volke – und zwar aus den maßgebenden, für unsere Zeit bezeichnenden Schichten des Volkes auf die Bühne bringen. Also: zu einem heutigen Volksstück gehören heutige Menschen, und mit dieser Feststellung gelangt man zu einem interessanten Resultat: nämlich, will man als Autor wahrhaft gestalten, so muss man der völligen Zersetzung der Dialekte durch den Bildungsjargon Rechnung tragen.

Cronauer Ja – der heutige Mensch ist natürlich ein anderer als der verflossener Jahrzehnte – seine Sprache, seine Leidenschaften und seine Weltanschauung haben sich geändert.

Horváth Natürlich. Und um einen heutigen Menschen realistisch schildern zu können, muss ich ihn also dementsprechend reden lassen. Nun hab ich zu meinen Gestalten, wie aber natürlich auch zu jeder Handlung, in puncto ihrer Möglichkeit, sich zu 100 % als soziale Wesen zu entwickeln und nicht nur zu etablieren, keine positive, eher eine skeptische Einstellung, und dies glaube ich damit am besten zu treffen, indem ich eine Synthese von Ernst und Ironie gebe. Aus dieser Erkenntnis zog ich die Konsequenz. Mit vollem Bewusstsein zerstörte ich das alte Volksstück, formal und ethisch – und versuchte als dramatischer Chronist die neue Form des Volksstückes zu finden.

Cronauer Ist diese »neue Form« des Volksstückes in dem bei Ihren Dichtungen doch besonders hervortretenden epischen Charakter zu suchen?

Horváth Ja. Diese neue Form ist mehr eine schildernde als eine dramatische. Sie knüpft formal mehr an die Tradition der Volkssänger und Volkskomiker an als an die Autoren der früheren Volksstücke –

Cronauer Volksstücke. Und haben dabei einen starken satirischen Charakter.

M

Ödon von Horváth

Zum Volksstück [Volksstück, Sprache, Unterbewusstsein] 1932

Ich habe Verständnis dafür, wenn jemand fragt – Lieber Herr, warum nennen Sie denn Ihre Stücke Volksstücke? Auch hierauf will ich heute antworten, damit ich mit derlei Sachen für längere Zeit meine Ruhe habe. Also: das kommt so. Vor sechs Jahren schrieb ich mein erstes Stück »Die Bergbahn«, und gab ihm den Untertitel und Artbezeichnung: »Ein Volksstück«. Die Bezeichnung Volksstück war bis dahin in der jungen dramatischen Produktion in Vergessenheit geraten. Natürlich gebrauchte ich diese Bezeichnung nicht willkürlich, das heißt, nicht einfach deswegen, weil das Stück ein bayerisches Dialektstück ist und die Personen Streckenarbeiter sind, sondern deshalb, weil mir so etwas wie eine Fortsetzung, Erneuerung des alten Volksstückes vorgeschwebt ist – also eines Stückes, in dem Probleme auf eine möglichst volkstümliche Art behandelt und gestaltet werden, Fragen des Volkes, seine einfachen Sorgen, durch die Augen des Volkes gesehen. Ein Volksstück, das im besten Sinne bodenständig ist und das vielleicht wieder anderen Anregung gibt, eben auch in dieser Richtung weiter mitzuarbeiten – um ein wahrhaftiges Volkstheater aufzubauen, das an die Instinkte und nicht an den Intellekt des Volkes appelliert. Zu einem Volksstück, wie zu jedem Stück, ist es aber unerlässlich, dass ein Mensch auf der Bühne steht. Ferner: der Mensch wird erst lebendig durch die Sprache.

Nun besteht aber Deutschland, wie alle übrigen europäischen Staaten zu neunzig Prozent aus vollendeten oder verhinderten Kleinbürgern, auf alle Fälle aus Kleinbürgern. Will ich also das Volk schildern, darf ich natürlich nicht nur die zehn Prozent schildern, sondern als treuer Chronist meiner

Zeit, die große Masse. Das ganze Deutschland muss es sein! Es hat sich nun durch das Kleinbürgertum eine Zersetzung der eigentlichen Dialekte gebildet, nämlich durch den Bildungsjargon. Um einen heutigen Menschen realistisch schildern zu können, muss ich also den Bildungsjargon sprechen lassen. Der Bildungsjargon (und seine Ursachen) fordern aber natürlich zur Kritik heraus – und so entsteht der Dialog des neuen Volksstückes, und damit der Mensch, und damit erst die dramatische Handlung – eine Synthese aus Ernst und Ironie.

Mit vollem Bewusstsein zerstöre ich nun das alte Volksstück, formal und ethisch – und versuche die neue Form des Volksstückes zu finden. Dabei lehne ich mich mehr an die Tradition der Volkssänger und Volkskomiker an, denn an die Autoren der klassischen Volksstücke. Und nun kommen wir bereits zu dem Kapitel Regie. Ich will nun versuchen hauptsächlich möglichst nur praktische Anweisungen zu geben: (diese gelten für alle meine Stücke, außer der »Bergbahn«). Bei Ablehnung auch nur eines dieser Punkte durch die Regie, ziehe ich das Stück zurück, denn dann ist es verfälscht. Zu den Todsünden der Regie zählt Folgendes:

1. Dialekt. Es darf kein Wort Dialekt gesprochen werden! Jedes Wort muss hochdeutsch gesprochen werden, allerdings so, wie jemand, der sonst nur Dialekt spricht und sich nun zwingt, hochdeutsch zu reden. Sehr wichtig! Denn es gibt schon jedem Wort dadurch die Synthese zwischen Realismus und Ironie. Komik des Unterbewussten. Klassische Sprecher. Vergessen Sie nicht, dass die Stücke mit dem Dialog stehen und fallen!

2. In meinen sämtlichen Stücken ist keine einzige parodistische Stelle! Sie sehen ja auch oft im Leben jemand, der als seine eigene Parodie herumläuft – so ja, anders nicht!

3. Satirisches entdecke ich in meinen Stücken auch recht wenig. Es darf auch niemand als Karikatur gespielt werden, außer einigen Statisten, die gewissermaßen als Bühnenbild zu betrachten sind. Das Bühnenbild auch möglichst bitte nicht, karikaturistisch – möglichst einfach bitte, vor einem Vorhang, mit einer wirklich primitiven Landschaft, aber schöne Farben bitte.

4. Selbstverständlich müssen die Stücke stilisiert gespielt werden, Naturalismus und Realismus bringen sie um – denn dann werden es Milljöhbilder und keine Bilder, die den Kampf des Bewusstseins gegen das Unterbewusstsein zeigen – das fällt unter den Tisch. Bitte achten Sie genau auf die Pausen im Dialog, die ich mit »Stille« bezeichne – hier kämpft das Bewusstsein oder Unterbewusstsein miteinander, und das muss sichtbar werden.

5. In dem so stilisiert gesprochenen Dialog gibt es Ausnahmen – einige Sätze, nur ein Satz manchmal, der plötzlich ganz realistisch, ganz naturalistisch gebracht werden muss.

6. Alle meine Stücke sind Tragödien – sie werden nur komisch, weil sie unheimlich sind. Das Unheimliche muss da sein.

7. Es muss jeder Dialog herausgehoben werden – ein stummes Spiel der anderen ist streng untersagt. [...] Stilisiert muss gespielt werden, damit die wesentliche Allgemeingültigkeit dieser Menschen betont wird – man kann es gar nicht genug überbetonen, sonst merkt es keiner, die realistisch zu bringenden Stellen im Dialog und Monolog sind die, wo ganz plötzlich ein Mensch sichtbar wird – wo er dasteht, ohne jede Lüge, aber das sind naturnotwendig nur ganz wenig Stellen. [...]

Peter Handke

Horváth und Brecht — 1968

Brecht ist, verglichen mit Autoren seiner Zeit, etwa William Faulkner und Samuel Beckett, sicherlich ein Trivialautor. Ich konnte ihn nie leiden, weder seine früheren genialischen Kraftmeiereien noch seine vorsichtigen, gehemmten Lehrstückchen der mittleren Periode, noch seine späteren aufgeklärten Weltproblemstücke, noch seine letzten abgeklärten chinoiden Teekannensprüche. Seine Denkmodelle scheinen mir, wenn ich an die Kompliziertheit meines eigenen Bewußtseins denke, allzu vereinfacht und widerspruchslos: alle gegebenen Widersprüche werden beseitigt von dem einzigen großen Widerspruch, den es für Brecht gibt: den zwischen den Zuständen, wie sie nach seiner Meinung sein sollten: in dieses glatte Widerspruchsmodell gehen alle Widersprüche des Bewußtseins auf und bleiben nicht geordnet–ungeordnet wie bei Beckett, der kein so einfaches Denkmodell wie das marxistische kennt. Deswegen ist Brecht so einfach, vereinfacht: er zeigt zwar die Widersprüche, aber er zeigt auch die einfache Lösung dafür. Diese Lösung ist aber für mich nichts als ein Bonmot oder ein Aphorismus, in dem eine mögliche Ordnung der Welt behauptet wird, die man an die Stelle der Widersprüche setzen könnte. So geht alles bei ihm auf wie in einem Denkspiel, einfach und manchmal auch spannend, ergreifend (so sagt man), manchmal auch so schön, daß es gar nicht mehr wahr ist. Seine Arbeiten sind Idyllen. Meine Wirklichkeit verhöhnt sie in jedem Augenblick. Meine Welt ist nicht mehr in satzweisen Weisheiten klarstellbar, nicht mehr in Slogans von der Freundlichkeit, nicht mehr in der Lüge seiner Stücke, die Illusionen immer wieder nötig haben, um Desillusionen zu ermöglichen, und die diese Desillusionen als die große Illusion benützen: die Desillusion ist eine einzige

chinoid **chinesisch orientiert**

Illusion, und gefährlicher noch als die naive Illusion! Als reine Formspiele kann ich die Stücke Brechts noch ertragen, als unwirkliche, aber doch ergreifende Weihnachtsmärchen, weil sie mir eine Einfachheit und eine Ordnung zeigen, die es nicht gibt. Ich ziehe Ödön von Horváth und seine Unordnung und unstilisierte Sentimentalität vor. Die verwirrten Sätze seiner Personen erschrecken mich, die Modelle der Bösartigkeit, der Hilflosigkeit, der Verwirrung in einer bestimmten Gesellschaft werden bei Horváth viel deutlicher. Und ich mag diese irren Sätze bei ihm, die die Sprünge und Widersprüche des Bewußtseins zeigen, wie man das sonst nur bei Tschechow oder Shakespeare findet. Jemand träumt, daß er ermordet wird: »Ich war schon lang wieder wach und dachte noch immer, ich wäre tot.« – Eine Sterbende schlägt mit der Hand in die Luft: »Na. Da fliegen lauter so schwarze Würmer herum …« Horváth wäre auch bald 70 geworden.
(*Text in alter Rechtschreibung*)

Franz Xaver Kroetz

Brecht und Horváth — 1977

Zuerst hat mich an Bertolt Brecht interessiert, dass er Kommunist war. Meine Schriftsteller–Vorbilder waren ja Marieluise Fleißer und Ödön von Horváth. Mit dem von ihnen entwickelten dramaturgischen Handwerk des beschreibenden Realismus hatte ich fünfzehn Stücke geschrieben. Der Dramatiker Bertolt Brecht begann mich zu interessieren, als ich feststellen musste, dass die Fleißer-Horváth-Dramaturgie eine festgelegte Grenze hat und dass ich zu dieser Grenze vorgestoßen war. Ich beschäftigte mich zunächst mit den Theaterstücken – und da vor allem aus der Zeit vor und um 1930.

Je mehr ich mich mit den Stücken dieser Zeit und den begleitenden Texten beschäftigte, um so sicherer hatte ich das Gefühl – das mag vielleicht komisch klingen, aber für mich stimmt es –, dass mich mit dem Brecht um 1930 herum unheimlich viel verband, dass ich geradezu darauf gewartet hatte, einen Schriftsteller zu finden, der mir aus meiner persönlichen Schwierigkeit mit Offenlegen und Überwinden der seinigen heraushelfen könnte. Es geht dabei natürlich nicht um qualitative Gleichsetzungen, sondern es geht um Fragen nach der Entwicklung, um Fragen nach dem dramatischen Konzept und der dramaturgischen Fähigkeit, es umzusetzen. Von dem, was Horváth und die Fleißer um 1925 bis 1930 geschrieben hatten, war Brecht, das kann man nachlesen, nie so ganz befriedigt. Ich glaube, er hat damals die Grenze gesehen, an die ich – und einige meiner zeitgenössischen Kollegen – vor zwei, drei Jahren gestoßen sind.

So stand das Problem: Der Neue Realismus – also von Sperr bis meinetwegen Kroetz – ist zu oft ein nur beschreibender Realismus. Die Katze beißt sich, wenn dieser beschreibende Realismus auf Entwicklung, auf Erweiterung zielt, in den eigenen Schwanz: Das Stück hört dort auf, wo es begonnen hat. Wie, heißt also die Frage, kann man es bewerkstelligen, dass man – ohne die Vorteile der Fleißer-Horváth-Dramaturgie zu verlieren: die genaue Menschendarstellung (also das psychologische Motiv), die Liebe und Wahrheit (sprich: Aufrichtigkeit) gegenüber dem einzelnen Wesen der Figuren – wie also kann man, ohne hier Verluste zu erleiden, es lernen, Gesamtzusammenhänge der Gesellschaft darzustellen und vor allem den Figuren, für die man sich in einem Stück entschieden hat, Entwicklungen zu geben, das Stück (die Fabel) so zu gestalten, dass bis zum Ende eines Stückes vorher unbekannte Seiten eines Menschen, eine andere Sicht, eine neue Perspektive zum Vorschein kommen. Dramaturgisch, also handwerklich formuliert heißt das: Wie ist es zu schaffen, dass der Autor sich insoweit über die Figuren stellen kann, dass er, ohne den Kontakt zu ihnen zu verlieren, weiter wie sie denkt, wie schafft er es, dass er sich nicht von den eigenen Figuren von vornherein vorschreiben lassen muss, wie alles ausgeht, sondern dass der Autor der Meister ist, der die Entwicklung und den Schluss eines Stückes bestimmt – und das nicht willkürlich, sondern gerade mit mehr realistischem Verständnis?

Das mag sich – für den Nichtfachmann – romantisch anhören: Wie sollen denn die Figuren bestimmen, was passiert? Tatsächlich ist das aber gar nicht so romantisch und hat nichts mit Geisterglauben zu tun: Die Fleißer-Horváth-Dramaturgie hat einen derartigen Gehalt an Festigkeit, sie determiniert die Figuren mit den ersten Sätzen so, dass man, ohne zu lügen, ohne zu schwindeln, in einem wirklich festen Korsett sitzt und sich kaum noch befreien kann. (Sofern man insgesamt natürlich ein ernsthafter und sensibler Schriftsteller ist, der die dramaturgischen Gesetze des beschreibenden Realismus kennt und dafür ein Gefühl hat.) [...]

Arbeitsanregungen

1. Was verstehen Sie unter »Volksstück«?

2. Welche Sendungen werden heute als »Volksstück« im Fernsehen bezeichnet? Versuchen Sie sie zu charakterisieren?

3. Welche der oben gegebenen Definitionsbestandteile des Volksstücks treffen auf die »Geschichten« zu?

4. Was versteht Brecht unter einem »Volksstück«? Was findet sich davon in Horváths »Geschichten« wieder?

5. Fassen Sie Adornos Überlegungen zum Volksstück thesenhaft zusammen. Was versteht Adorno unter einem »Volksstück«? Wie weit lassen sich seine Bestimmungen auf die »Geschichten« beziehen?

6. Welche Vorstellung von »Volksstück« entwickelt Horváth? Welche seiner allgemeinen Ausführungen zum Volksstück (Sprechweise; »Kampf des Bewusstseins gegen das Unterbewusstsein«) und zur Spielweise seiner Volksstücke (Stilisierung) können Sie für eine Interpretation der »Geschichten aus dem Wiener Wald« benutzen?

7. Welche Position gegenüber Brecht nimmt Handke ein? Was vermisst er an Brecht, welche Vorzüge hat für ihn Horváths dramatisches Konzept?

8. Warum lehnt Kroetz die Fleißer-Horváth-Dramaturgie ab? Warum bevorzugt er das Brecht'sche Dramenmodell? Was würde Handke zur Position von Kroetz sagen?

M

Sprache

Dietmar Goltschnigg stellt in seinem Beitrag über »Das Sprachklischee und seine Funktion im dramatischen Werk Ödön von Horváths« folgende Klischeearten vor:

Dietmar Goltschnigg

Das Sprachklischee und seine Funktion im dramatischen Werk Ödön von Horváths ——— 1975

Abgegriffene Redensart
Überbrückungsfloskeln
Leerformeln
Zitate
Literarische Zitate in deutscher Sprache
Feste Formeln und geflügelte Worte aus Fremdsprachen
Sprichwörter und stehende Redewendungen
Lied und Gedichtseinlagen
Selbstzitate
Politische Schlagwörter
Tautologien

Ödön von Horváth

[Demaskierung des Bewusstseins] ——— 1932

Das dramatische Grundmotiv aller meiner Stücke ist der ewige Kampf zwischen Bewusstsein und Unterbewusstsein. [...] Es ist mir öfters nicht restlos gelungen, die von mir angestrebte Synthese zwischen Ironie und Realismus zu gestalten. [...] Es liegt die Schuld am Publikum, denn: es hat sich leider entwöhnt auf das Wort im Drama zu achten, es sieht oft nur die

Handlung – es sieht wohl die dramatische Handlung, aber den dramatischen Dialog hört es nicht mehr. Jedermann kann bitte meine Stücke nachlesen: es ist keine einzige Szene in ihnen, die nicht dramatisch wäre – unter dramatisch verstehe ich nach wie vor den Zusammenstoß zweier Temperamente – die Wandlungen usw. In jeder Dialogszene wandelt sich eine Person. Bitte nachlesen! Dass dies bisher nicht herausgekommen ist, liegt an den Aufführungen. Aber auch an dem Publikum. Denn letzten Endes ist ja das Wesen der Synthese aus Ernst und Ironie die Demaskierung des Bewusstseins. Sie erinnern sich vielleicht an einen Satz in meiner »Italienischen Nacht«, der da lautet: »Sie sehen sich alle so fad gleich und werden gern so eingebildet selbstsicher.« Das ist mein Dialog.
Aus all dem geht schon hervor, dass Parodie nicht mein Ziel sein kann – es wird mir oft Parodie vorgeworfen, das stimmt aber natürlich in keiner Weise. Ich hasse die Parodie! Satire und Karikatur – ab und zu ja. Aber die satirischen und karikaturistischen Stellen in meinen Stücken kann man an den fünf Fingern herzählen – Ich bin kein Satiriker, meine Herrschaften, ich habe kein anderes Ziel, als wie dies: Demaskierung des Bewusstseins. Keine Demaskierung eines Menschen, einer Stadt – das wäre ja furchtbar billig! Keine Demaskierung auch des Süddeutschen natürlich – ich schreibe ja auch nur deshalb süddeutsch, weil ich anders nicht schreiben kann.

Diese Demaskierung betreibe ich aus zwei Gründen: erstens, weil sie mir Spaß macht – zweitens, weil infolge meiner Erkenntnisse über das Wesen des Theaters, über seine Aufgabe und zu guter Letzt Aufgabe jeder Kunst ist Folgendes – (und das dürfte sich nun schon allmählich herumgesprochen haben) – die Leute gehen ins Theater, um sich zu unterhalten, um sich zu erheben, um eventuell weinen zu können, oder um irgendetwas zu erfahren. Es gibt also Unterhaltungstheater, ästhetische Theater und pädagogische Theater. Alle zusammen haben eines gemeinsam: Sie nehmen dem Menschen in einer derartigen Masse das Fantasieren ab, wie kaum eine andere Kunst – Das Theater fantasiert also für den Zuschauer und gleichzeitig lässt es ihn auch die Produkte dieser Fantasie erleben. Die Fantasie ist bekanntlich ein Ventil für Wünsche – bei näherer Betrachtung werden es wohl asoziale Triebe sein, noch dazu meist höchst primitive. Im Theater findet also der Besucher zugleich das Ventil wie auch Befriedigung (durch das Erlebnis) seiner asozialen Triebe.

Es wird ein Kommunist auf der Bühne ermordet, in feiger Weise von einer Überzahl von Bestien. Die kommunistischen Zuschauer sind voll Hass und Erbitterung gegen die Weißen – sie leben aber eigentlich das mit und morden mit und die Erbitterung und der Hass steigert sich, weil er sich gegen die eigenen asozialen Wünsche richtet. Beweis: es ist doch eigenartig, dass Leute ins Theater gehen, um zu sehen, wie ein anständiger Mensch umgebracht wird, der ihnen gesinnungsgemäß nahe steht – und dafür Eintritt bezahlen und hernach in einer gehobenen weihevollen Stimmung das Theater verlassen. Was geht denn da vor, wenn nicht ein durchs Miterleben mitgemachter Mord? Die Leute gehen aus dem Theater mit weniger asozialen Regungen heraus, wie hinein. (Unter asozial verstehe ich Triebe, die auf einer kriminellen Basis beruhen – und nicht etwa Bewegungen, die gegen eine Gesellschaft gerichtet sind – ich betone das extra, so ängstlich bin ich schon geworden, durch die vielen Missverständnisse). Dies ist eine vornehme pädagogische Aufgabe des Theaters. Und das Theater wird nicht untergehen, denn die Menschen werden in diesen Punkten immer lernen wollen – ja je stärker der Kollektivismus wird, umso größer wird die Fantasie. Solange man um den Kollektivismus kämpft, natürlich noch nicht, aber dann – ich denke manchmal schon an die Zeit, die man mit proletarischer Romantik bezeichnen wird. (Ich bin über-

M

zeugt, dass sie kommen wird.) Mit meiner Demaskierung des Bewusstseins, erreiche ich natürlich eine Störung der Mordgefühle – daher kommt es auch, dass Leute meine Stücke oft ekelhaft und abstoßend finden, weil sie eben die Schandtaten nicht so miterleben können. Sie werden auf die Schandtaten gestoßen – sie fallen ihnen auf und erleben sie nicht mit. Es gibt für mich ein Gesetz und das ist die Wahrheit.

Ödön von Horváth

Randbemerkungen zu »Glaube Liebe Hoffnung« 1932

Wie in allen meinen Stücken versuchte ich auch diesmal, möglichst rücksichtslos gegen Dummheit und Lüge zu sein, denn diese Rücksichtslosigkeit dürfte wohl die vornehmste Aufgabe eines schöngeistigen Schriftstellers darstellen, der es sich manchmal einbildet, nur deshalb zu schreiben, damit die Leut sich selbst erkennen. Erkenne dich bitte selbst! Auf dass du dir jene Heiterkeit erwirbst, die dir deinen Lebens- und Todeskampf erleichtert, indem dich nämlich die liebe Ehrlichkeit gewiss nicht über dich (denn das wäre Einbildung), doch neben und unter dich stellt, sodass du dich immerhin nicht von droben, aber von vorne, hinten, seitwärts und von drunten betrachten kannst!

Peter Wapnewski

[Das Wie ihres Sagens] 1972

Größe und Begrenzung von Horváths Dramen ist, dass sie nicht zeitlos sind, sondern zeithaft. Sie sind gebunden an einen spezifischen soziologischen Zustand. Sie liefern die oft beschworene »Dämonologie des Kleinbürgertums«, sind dessen Produkt und Analyse, und sind in dem Maße aktuell und also »auf die Dauer«, als ihre Schilderung von Bedingungen einer präfaschistischen Gesellschaft noch als Gegenwart empfunden wird. In solchem Sinne also wird man Zuckmayers Einschränkung misstrauen, denn insbesondere die Trias der drei großen »Volksstücke« beglaubigt auch für heute und, wie zu fürchten steht, noch fürs nächste die Existenz eines Bewusstseinszustandes, der nicht die Herrschaft hat, aber vorherrschend ist. Es handelt sich um den Zustand der Dummheit. [...] Eine Gesellschaft im Vorfeld der Gewalt, im Vorfeld ihrer eigenen – möglichen – Deformation zum Faschismus. Ein Staat, angesiedelt im Herzen Europas, voller landschaftlicher und gemüthafter Reize, reich versehen mit seelischen Werten und traulichen Traditionen, darüber gebreitet eine Art von leicht fasslichem Humor. Die Menschen darin bewegt von jener Form süddeutscher Herzigkeit, die eine besonders mörderische Variante des Deutschen ist.

Denn ihre Sprache verrät sie. Nicht in Beschreibung und Schilderung, sondern durch ihre besondere Art, sich selber auszudrücken. Was die Dichtung, vor allem Lyrik, der 60er Jahre entdeckt hat und wiederum nicht von ungefähr (nächst Gomringer) in der Wiener Schule und bei Jandl und Handke herausarbeitet: dass nämlich die Sprache sich selber zum Problem und Gegenstand wird, – das hat Horváth in seinen Figuren vorweggenommen. Nicht das Was, sondern das Wie ihres Sagens ist identisch mit ihrer Art des Seins. Sprache als das Feld der Auseinandersetzung von Bewusstsein und Unterbewusstsein: so hat es Horváth mehrfach und ausdrücklich formuliert. Sprache als Demaskierung des Bewusstseins. Die markanten Augenblicke dieser Auseinandersetzung, dieses Kampfes sind jene Szenen, die Horváth immer wieder seinen Dialogen interpoliert (seine Dramen bestehen aus Dialogen), und die er mit »Stille« bezeichnet. Das sind keine Pausen, das ist kein Appell an pantomimisches Mühen, sondern das sind Signale der Fortsetzung des verbalen Krieges mit anderen Mitteln.

Das besondere verbale Mittel, zugleich ein in der Dramatik einzigartiges Mittel, dessen sich Horváth zur Realisierung dieser Auseinandersetzung bedient, ist die Stilisierung des Dialekts. Er gibt, sagt er, die Menschen wieder, wie sie sind. Sie sind aber, wie sie sind, zu 90 % Kleinbürger. Das Kleinbürgertum wiederum offenbart sich in der ihm eigenen Sprachform: »der völligen Zersetzung der Dialekte durch den Bildungsjargon«. Es handelt sich also um eine enteignete Sprache, die eben deshalb wahr, d. h. entlarvend ist, weil sie nicht deckungsgleich ist mit dem Sprechenden: Die Disproportion als das Maß. Diese Sprache hat doppelten, d. h. sie hat keinen Boden. Wer ihrer polierten Oberfläche vertraut, bricht ein. Aufs erste Hören scheint sie den Alltagsjargon des Volksmauls wiederzugeben, auf das der Dichter hellhörig geschaut hat. In Wahrheit aber haben diese Menschen ihre eigene Sprache verloren, das Medium also ihrer Person, ihrer Menschlichkeit. Nicht dass sie schwiegen, – sprechend sind sie ohne Artikulation ihrer selbst. Insofern als sie sich einer ihnen ungemäßen, übergestülpten, einer artistischen und artifiziellen Plastiksprache bedienen, eines »Jargons der Uneigentlichkeit« […] Solches niedere Hochdeutsch demonstriert, skelettiert seine Sprecher, legt sie bloß in ihrer Erbärmlichkeit und Armseligkeit, in ihrer Einsamkeit und Verlorenheit. Da ist nichts von Parodie, wenig von Satire – und Ironie allenfalls in jenem poetologischen Sinne, der die Intensivierung der Aussage kraft der uneigentlichen Formulierung anstrebt.

Stichwörter 2008

Wienerisch

Der Wiener Schmäh bedient sich des Wienerischen, einem aus der deutschen Umgangssprache der Vorstädte (Ansiedlungen außerhalb der Wiener Stadtmauer, der späteren Ringstraße) hervorgegangenem Dialekt. Als Gast der Stadt kann man ihm heutzutage vor allem noch bei den Wiener Kellnern, Fiakern, Taxifahrern und Hausmeistern begegnen. Anfänglich war er der (sprachliche) Ausdruck der einfachen Bediensteten, Wäscherinnen, Prostituierten und Tagelöhner und ist gewissermaßen eine Haltung – eine oppositionelle Denkweise – im Ausdruck eine Gegensprache zum geraden, pseudo-höfischen Idiom-Deutsch der Groß- und Kleinbürger, der Politiker und der Geistlichkeit.

Worterläuterung

Das Wort »Schmäh« (sprich: schmee) hat im Wienerischen mehrere Bedeutungen:

1. Es kann eine Irreführung oder humoristische Lügengeschichte meinen (»Dazöö ma kane Schmäh!« oder »Hoit mi net am Schmäh!« [Lüge mich nicht an / Veräppel mich nicht]),
2. die humoristische [demzufolge ebensowenig wortwörtlich zu nehmende] Konversation (»Mia hom in gonzn Obnd long Schmäh gfiat!«),
3. den Esprit einer gewitzten Person (»Da Franz hot an lei-

wandn Schmäh!« [leiwand (von frz. lévant, erhebend) = einwandfrei]).

»Schmähstad« [stad = still] ist im Gegensatz dazu der gängige Ausdruck für sprachlos im Sinn von »nicht (mehr) in der Lage sein, Kontra zu geben«.

Wiener Walzer

Der Walzer, zur Unterscheidung vom Langsamen Walzer (English Waltz) und dem Französischen Walzer meist Wiener Walzer genannt, ist der älteste der modernen bürgerlichen Gesellschaftstänze. Er wird in den 1770er Jahren erstmals in einer Komödie des Bernardon-Darstellers Felix von Kurtz erwähnt und wurde vor der Französischen Revolution berühmt, weil er das aristokratische Menuett als maßgebenden Gesellschaftstanz verdrängte.

Der Walzer entstand aus dem »Deutschen Tanz«. Ob der Ländler ein Vorläufer des Walzers war oder sich parallel entwickelte, ist umstritten.

Der Walzer war zunächst wegen Unzüchtigkeit, z.B. weil die Fußknöchel der Damen sichtbar waren, aber vor allem wegen der ständigen Berührung der Paare, verpönt. Er wurde zunächst sehr schnell getanzt und bekam erst im Lauf des 19. Jahrhunderts die heutige »schwebende« Form. Offizielle Akzeptanz und sogar Beliebtheit gewann er durch den Wiener Kongress 1814/15. Die berühmten Musikstücke von Josef Lanner, Johann Strauß, dessen Sohn Johann Strauß und später Pjotr Iljitsch Tschaikowski machten ihn zu einer respektierten musikalischen Gattung (siehe Walzer (Musik)). In der Wiener

Operette gegen Ende des Jahrhunderts stand der Walzer stets im Zentrum.

In den 1920er Jahren begann in Deutschland aufgrund gesellschaftlicher Veränderungen und internationaler Einflüsse das Walzersterben. Modernere, dynamischere Tanzformen aus Übersee setzten sich durch. In England war der Wiener Walzer nie heimisch geworden, dort tanzte man Boston Waltz oder später den Langsamen Walzer.

Als Volkstanz wurde der Walzer zu Beginn der dreißiger Jahre vor allem in Deutschland und Österreich zunächst im Zuge einer volkstümlichen Mode und später als Bestandteil eines politischen Programms zur Ausgrenzung des »Undeutschen« gefördert. Der ehemalige k.u.k.-Offizier Karl von Mirkowitsch machte den Wiener Walzer wieder gesellschafts- und turnierfähig, seit 1932 tanzt man den Wiener Walzer auf Turnieren. Der Nürnberger Tanzlehrer Paul Krebs verband 1951 die altösterreichische Walzertradition mit dem englischen Stil. Bei dem Tanzfestival in Blackpool im gleichen Jahr feierte er große Erfolge. Seitdem ist der Wiener Walzer als gleichberechtigter Standardtanz anerkannt, in das Welttanzprogramm wurde er 1963 aufgenommen.

Der Wiener Walzer war stets Symbol gehemmter politischer Umbruchsstimmungen, wurde z. B. als »Marseillaise des Herzens« (Eduard Hanslick) bezeichnet und soll »Wien die Revolution erspart [haben]«, während Johann Strauß selbst »Napoléon Austrichien« (Heinrich Laube) genannt wurde. Johann Strauß Sohn gehörte in der Märzrevolution 1848 zu den Revolutionären, was ihm Kaiser Franz Joseph I. nie verzieh. Durch seinen kommerziellen Erfolg wurde der einstige Revolutionär allerdings harmlos. Im Walzer werden aggressive Energien durch beständiges Drehen eingebunden und abgeschliffen.

Arbeitsanregungen

1. Informieren Sie sich über die Bedeutung der Begriffe: *Gemeinplatz, Phrase, Jargon, Klischee, Plastikwörter.*

2. Suchen Sie in den »Geschichten« nach Beispielen für die von Goltschnigg genannten Klischees.

3. Inwiefern kann Wapnewski sagen, die Sprache »skelettiere die Sprecher«?

4. Zeigen Sie im Text Beispiele für die Behauptung Wapnewskis, Sprache sei das Feld der Auseinandersetzung von Bewusstsein und Unterbewusstsein.

5. Was meint Horváth mit der »angestrebten Synthese zwischen Ironie und Realismus«, die bezeichnend für seine Stücke sei?

6. Warum sind Horváths Stücke keine Parodien und keine Satiren?

7. Was ist für Horváth die »pädagogische Aufgabe des Theaters«?

8. Könnte man auch Horváths »Geschichten« unter sein Motto »Erkenne dich selbst!« bringen?

9. Nennen Sie Beispiele aus dem Text für das »Wienerische«.

10. Wie setzt Horváth Musik, hier vor allem den Wiener Walzer, in seinem Stück ein?

M

Liebeskonzepte

Eduard Mörike

Das verlassne Mägdlein 1829

Früh, wann die Hähne krähn,
Eh die Sternlein verschwinden,
Muss ich am Herde stehn,
Muss Feuer zünden.

Schön ist der Flammen Schein,
Es springen die Funken;
Ich schaue so drein,
In Leid versunken.

Plötzlich, da kommt es mir,
Treuloser Knabe,
Dass ich die Nacht von dir
Geträumet habe.

Träne auf Träne dann
Stürzet hernieder;
So kommt der Tag heran –
O ging er wieder!

Erich Kästner

Sachliche Romanze 1929

Als sie einander acht Jahre kannten
(und man darf sagen: sie kannten sich gut),
kam ihre Liebe plötzlich abhanden.
Wie andern Leuten ein Stock oder Hut.

Sie waren traurig, betrugen sich heiter,
versuchten Küsse, als ob nichts sei,
und sahen sich an und wussten nicht weiter.
Da weinte sie schließlich. Und er stand dabei.

Vom Fenster aus konnte man Schiffen winken.
Er sagte, es wäre schon Viertel nach Vier
und Zeit, irgendwo Kaffee zu trinken.
Nebenan übte ein Mensch Klavier.

Sie gingen ins kleinste Café am Ort
und rührten in ihren Tassen.
Am Abend saßen sie immer noch dort.
Sie saßen allein, und sie sprachen kein Wort
und konnten es einfach nicht fassen.

M

Karl Marx / Friedrich Engels

Manifest der kommunistischen Partei ______ 1848

Die Bourgeoisie hat in der Geschichte eine höchst revolutionäre Rolle gespielt.

Die Bourgeoisie, wo sie zur Herrschaft gekommen, hat alle feudalen, patriarchalischen, idyllischen Verhältnisse zerstört. Sie hat die buntscheckigen Feudalbande, die den Menschen an seinen natürlichen Vorgesetzten knüpften, unbarmherzig zerrissen und kein anderes Band zwischen Mensch und Mensch übriggelassen als das nackte Interesse, als die gefühllose ›bare Zahlung‹. Sie hat die heiligen Schauer der frommen Schwärmerei, der ritterlichen Begeisterung, der spießbürgerlichen Wehmut in dem eiskalten Wasser egoistischer Berechnung ertränkt. Sie hat die persönliche Würde in den Tauschwert aufgelöst und an die Stelle der zahllosen verbrieften und wohlerworbenen Freiheiten die eine gewissenlose Handelsfreiheit gesetzt. Sie hat, mit einem Wort, an die Stelle der mit religiösen und politischen Illusionen verhüllten Ausbeutung die offene, unverschämte, direkte, dürre Ausbeutung gesetzt.

Die Bourgeoisie hat alle bisher ehrwürdigen und mit frommer Scheu betrachteten Tätigkeiten ihres Heiligenscheins entkleidet. Sie hat den Arzt, den Juristen, den Pfaffen, den Poeten, den Mann der Wissenschaft in ihre bezahlten Lohnarbeiter verwandelt.

Die Bourgeoisie hat dem Familienverhältnis seinen rührend-sentimentalen Schleier abgerissen und es auf ein reines Geldverhältnis zurückgeführt.

Die Bourgeoisie hat enthüllt, wie die brutale Kraftäußerung, die die Reaktion so sehr am Mittelalter bewundert, in der trägsten Bärenhäuterei ihre passende Ergänzung fand. Erst sie hat bewiesen, was die Tätigkeit der Menschen zustan-

Bärenhäuterei Faulenzerei

de bringen kann. Sie hat ganz andere Wunderwerke vollbracht als ägyptische Pyramiden, römische Wasserleitungen und gotische Kathedralen, sie hat ganz andere Züge ausgeführt als Völkerwanderungen und Kreuzzüge.

Die Bourgeoisie kann nicht existieren, ohne die Produktionsinstrumente, also die Produktionsverhältnisse, also sämtliche gesellschaftlichen Verhältnisse fortwährend zu revolutionieren. Unveränderte Beibehaltung der alten Produktionsweise war dagegen die erste Existenzbedingung aller früheren industriellen Klassen. Die fortwährende Umwälzung der Produktion, die ununterbrochene Erschütterung aller gesellschaftlichen Zustände, die ewige Unsicherheit und Bewegung zeichnet die Bourgeoisieepoche vor allen anderen aus. Alle festen eingerosteten Verhältnisse mit ihrem Gefolge von altehrwürdigen Vorstellungen und Anschauungen werden aufgelöst, alle neugebildeten veralten, ehe sie verknöchern können. Alles Ständische und Stehende verdampft, alles Heilige wird entweiht, und die Menschen sind endlich gezwungen, ihre Lebensstellung, ihre gegenseitigen Beziehungen mit nüchternen Augen anzusehen.

M

Ödön von Horváth

Das Märchen vom Fräulein Pollinger — 1929

RM Reichsmark

Schellingsalon Schelling-Salon: Münchens ältestes »Wiener Café-Restaurant«

Es war einmal ein Fräulein, das hieß Anna Pollinger und fiel bei den besseren Herren nirgends besonders auf, denn es verdiente monatlich nur hundertundzehn RM und hatte nur eine Durchschnittsfigur und ein Durchschnittsgesicht, nicht unangenehm, aber auch nicht hübsch, nur nett. Sie arbeitete im Kontor einer Autoreparaturwerkstätte, doch konnte sie sich höchstens ein Fahrrad auf Abzahlung leisten. Hingegen durfte sie ab und zu auf einem Motorrad hinten mitfahren, aber dafür erwartete man auch meistens was von ihr. Sie war auch trotz allem sehr gutmütig und verschloss sich den Herren nicht. Oft liebte sie zwar gerade ihren einen nicht, aber es ruhte sie aus, wenn sie neben einem Herrn sitzen konnte, im Schellingsalon oder anderswo. Sie wollte sich nicht sehnen und wenn sie dies trotzdem tat, wurde ihr alles fad. Sie sprach sehr selten, sie hörte immer nur zu, was die Herren untereinander sprachen. Dann machte sie sich heimlich lustig, denn die Herren hatten ja auch nichts zu sagen. Mit ihr sprachen die Herren nur wenig, meistens nur dann, wenn sie gerade mal mussten. Oft wurde sie dann in den Anfangssätzen boshaft und tückisch, aber bald ließ sie sich wieder gehen. Es war ihr fast alles in ihrem Leben einerlei, denn das musste es ja sein. Nur wenn sie unpässlich war, dachte sie intensiver an sich.

Einmal ging sie mit einem Herrn beinahe über das Jahr, der hieß Fritz. Ende Oktober sagte sie: »Wenn ich ein Kind bekommen tät, das wär das größte Unglück.« Dann erschrak sie über ihre Worte. »Warum weinst du?«, fragte Fritz. »Ich hab es nicht gern, wenn du weinst! Heuer fällt Allerheiligen auf einen Samstag, das gibt einen Doppelfeiertag und wir machen eine Bergtour.« Und er setzte ihr auseinander, dass bekanntlich die Erschütterungen beim Abwärtssteigen sehr gut dafür wären, dass sie kein Kind kriegt.

Sie stieg dann mit Fritz auf die Westliche Wasserkarspitze, 2037 Meter hoch über dem fernen Meer. Als sie auf dem Gipfel standen, war es schon ganz Nacht, aber droben hingen die Sterne. Unten im Tal lag der Nebel und stieg langsam zu ihnen empor. Es war sehr still auf der Welt und Anna sagte: »Der Nebel schaut aus, als würden da drinnen die ungeborenen Seelen herumfliegen.« Aber Fritz ging auf diese Tonart nicht ein.

Seit dieser Bergtour hatte sie oft eine kränkliche Farbe. Sie wurde auch nie wieder ganz gesund und ab und zu tat ihr im Unterleib schon sehr verrückt weh. Aber sie trug das keinem Herrn nach, sie war eben eine starke Natur. Es gibt so Leut, die man nicht umbringen kann. Wenn sie nicht gestorben ist, so lebt sie heute noch.

M

Arbeitsanregungen

1. Vergleichen Sie die Liebesauffassung bei Mörike, Kästner und Horváth.

2. Wie weit entspricht Horváth der These von Marx, dass die Bourgeoisie dem Familienverhältnis seinen rührend-sentimentalen Schleier abgerissen und es auf ein reines Geldverhältnis zurückgeführt hat.

3. Warum nennt Horváth den Text über Fräulein Pollinger ein »Märchen«?

4. Suchen Sie nach Vergleichbarkeiten zwischen Fräulein Pollinger und Marianne aus den »Geschichten aus dem Wiener Wald«.

Franz von Gernerth

An der schönen blauen Donau ______ 1889/90

Donau so blau,
Durch Tal und Au
Wogst ruhig du dahin,
Dich grüßt unser Wien,
Dein silbernes Band
Knüpft Land an Land,
Und fröhliche Herzen schlagen
An deinem schönen Strand.

M

Weit vom Schwarzwald her
Eilst du hin zum Meer,
Spendest Segen
Allerwegen
Ostwärts geht dein Lauf,
Nimmst viel Brüder auf:
Bild der Einigkeit
Für alle Zeit.
Alte Burgen seh'n
Nieder von den Höh'n,
Grüßen gerne
Dich von ferne
Und der Berge Kranz,
Hell vom Morgenglanz
Spiegelt sich in deiner Wellen Tanz.

Die Nixen auf dem Grund,
Die geben's flüsternd kund
Was alles du erschaut,
Seitdem über dir der Himmel blaut.
Drum schon in alter Zeit
Ward dir manch' Lied geweiht,
Und mit dem hellsten Klang
Preist immer auf's Neu' dich unser Sang.
Halt an deine Fluten bei Wien,
Es liebt dich ja so sehr
Du findest, wohin du magst zieh'n,
Ein zweites Wien nicht mehr.
Hier quillt aus voller Brust
Der Zauber heit'rer Lust,
Und treuer deutscher Sinn
Streut aus seine Saat von hier weit hin.

Du kennst wohl gut deinen Bruder, den Rhein
An seinen Ufern wächst herrlicher Wein,
Dort auch steht bei Tag und bei Nacht,
Die feste treue Wacht.
Doch neid' ihm nicht jene himmlische Gab'
Bei dir auch strömt reicher Segen herab,
Und es schützt die tapfere Hand
Auch unser Heimatland.
Drum lasst uns einig sein,
Schließt Brüder fest den Reig'n,
Froh auch in trüber Zeit,
Mut, wenn Gefahr uns dräut!
Heimat am Donaustrand,
Bist uns'rer Herzen Band;
Dir sei für alle Zeit
Gut und Blut geweiht!

Das Schifflein fährt auf den Wellen so sacht,
Still ist die Nacht, die Liebe nur wacht,
Der Schiffer flüstert der Liebsten ins Ohr,
Dass längst schon sein Herz sie erkor.
O Himmel sei gnädig dem liebenden Paar,
Schütz' vor Gefahr es immerdar!
Nun fahren dahin sie in seliger Ruh
O Schifflein immer nur zu!

Junges Blut, frischer Mut,
O wie glücklich macht,
Dem vereint ihr lacht!
Lieb und Lust schwellt die Brust,
Hat das Größte in der Welt vollbracht.

Nun singst ein fröhliches seliges Lied,
Das wie Jauchzen die Lüfte durchzieht,
Von den Herzen laut widerklingt
Und ein festes Band um uns schlingt.
Frei und treu in Lied und Tat,
Bringt ein Hoch der Wienerstadt,
Die aufs Neu' erstand voller Pracht
Und die Herzen erobert mit Macht.

Und zum Schluss bringt noch einen Gruß
Uns'rer lieben Donau, dem herrlichen Fluss!
Was der Tag uns auch bringen mag
Treu und Einigkeit
Soll uns schützen zu jeglicher Zeit
Ja Treu und Einigkeit!

Ödön von Horváth

Satire, Parodie und kriminelle Geschehnisse _ 1932

Horváth Ja, ich stehe zur Satire absolut positiv. Ich kann gar nicht anders.

Cronauer Damit wären wir bei einem heiklen Thema angelangt – Sie wissen ja, dass man uns Jungen gerade unsere positive Stellung zu Satire und Ironie zum starken Vorwurf macht – als einen Mangel an Anteilnahme, an Bewunderung und an Ehrfurcht auslegt. Und es ist doch in Wirklichkeit gerade das Gegenteil. Es ist weiß Gott keine Überhebung, der wir uns schuldig machen – wir sehen darin eine Welt- und Lebensanschauung und letzten Endes eine uns führende und weisende Selbstkritik. – Aber das wird uns heute eben noch nicht zuerkannt, man missversteht unsere kämpferischen Absichten, bestreitet unsere Ehrlichkeit und versagt uns, die unserem Schaffen so notwendige Anteilnahme und Anerkennung. Man macht es uns doppelt schwer – man isoliert uns und wendet in der großen Öffentlichkeit den Blick fast ausschließlich auf vergangene Zeiten. Vor lauter Geburtstags-, Jahrestags- und Todestagsgedenkfeiern übersieht man, dass es eine nach neuen Formen und Idealen strebende Jugend gibt. – Aber dass wir von unserem Thema nicht abgehen, es würde auch zu weit führen.

Horváth Da haben's schon sehr recht, Herr Cronauer, und ich erkläre es mir auch so, dass meine Stücke bei einem Teil der Presse oft eine ziemliche Erregung auslösten. – Persönlich ist mir das ziemlich schleierhaft. Man wirft mir vor, ich sei zu derb, zu ekelhaft, zu unheimlich, zu zynisch und was es dergleichen noch an soliden, gediegenen Eigenschaften gibt – und man übersieht dabei, dass ich doch kein anderes Bestreben habe, als die Welt so zu schildern, wie sie halt leider ist. – Und dass das gute Prinzip auf der Welt den Ton angibt, wird man wohl kaum beweisen können – behaupten schon. – Der Widerwille eines Teiles des Publikums beruht wohl darauf, dass dieser Teil sich in den Personen auf der Bühne selbst erkennt – und es gibt natürlich Menschen, die über sich selbst nicht lachen können – und besonders nicht über mehr oder minder bewusstes, höchst privates Triebleben.

Cronauer Ich glaube auch, dass es daran liegt, dass die meisten Menschen nicht aus der Erkenntnis heraus lachen und damit verstehen können. – Sie lachen lieber über einen blöden Witz – bei dem man sich weiter nichts denken braucht und der sie auch »persönlich« nichts angeht. –

Horváth Jawohl.

M

Cronauer Ihre Stellung zur Parodie würde mich noch interessieren, Herr Horváth.

Horváth Die Parodie lehne ich als dramatische Form ab. Parodie hat meines Erachtens mit Dichtung gar nichts zu tun und ist ganz billiges Unterhaltungsmittel. [...] Es ist Ihnen vielleicht schon aufgefallen, dass fast alle Stücke irgendein kriminelles Moment aufweisen – ja: dass die weitaus überwiegende Zahl aller Dramenhelden bis zu den Statisten sich irgendeines Verbrechens schuldig machen, also eigentlich keine ausgesprochenen Ehrenmänner sind. Es ist doch eine sonderbare Tatsache, dass sich Leute einen Platz kaufen und ins Theater gehen und sich schön anziehen und parfümieren, um dann auf der Bühne mehr oder minder ehrenrührigen Dingen zu lauschen oder zuzuschauen, wie einer oder auch zwei umgebracht werden, – und hernach das Theater verlassen und zwar in einer weihevollen Stimmung, ethisch erregt. Was geht da in dem einzelnen Zuschauer vor? Folgendes: seine scheinbare Antipathie gegen die kriminellen Geschehnisse auf der Bühne ist keine wahre Empörung, sondern eigentlich ein Mitmachen, ein Miterleben und, durch dieses Miterleben ausgelöst, Befriedigung asozialer Triebe. Der Zuschauer ist also gewissermaßen über sich selbst empört. Man nennt diesen Zustand Erbauung.

Cronauer Es wäre nur zu wünschen, dass diese Erbauung, die das Theater doch geben soll, auch den breiten Volksschichten, die ja heute kaum mehr ins Theater gehen, zuteil werden möge.

Horváth Dass das Interesse am Theater im breiten Volke nachgelassen hat, liegt wohl auch daran, dass wir kein richtiges, echtes Volkstheater mehr haben – aber auf dem Wege zu ihm sind wir. Meiner Meinung nach.

M

Arbeitsanregungen

1. Ca. 1850 schrieb Carl Beck ein Gedicht mit dem Titel »An der schönen blauen Donau«, das mit der Zeile »Donau so blau, so blau« endet. Beck hat mehr als 20 Bände Gedichte meist sozialkritischen Inhalts geschrieben, es hat aber sonst nichts mit dem Walzer zu tun! Johann Strauß, der selbst etwas sozialistisch angehaucht war, nahm den Titel dieses Gedichtes als Titel für den 1867 komponierten Donauwalzer. Franz von Gernerth vergewaltigte den Walzer kurz danach nochmals mit dem jetzt noch immer gebräuchlichen Text, wobei er die Zeile »Donau so blau« des ursprünglichen Gedichtes verwendete. Überlegen Sie, ob nicht auch die »Geschichten aus dem Wiener Wald« als »Gegenstück« zu dem hier artikulierten Bild verstanden werden müssen.

2. Informieren Sie sich über die Wiener Operette der Jahrhundertwende. Wie weit lässt sich Horváths Stück auch als »Gegenstück« dazu verstehen?

3. Wie erklären Sie sich Horváths Einstellung zu Parodie, Satire und Ironie?

M Wirkung und mediale Gestaltung

Rezensionen zu Inszenierungen

Im Folgenden sind Auszüge aus Rezensionen der Uraufführung und Rezensionen zu Aufführungen aus den 1930er, 1970er Jahren und aus dem ersten Jahrzehnt des 21. Jahrhunderts wiedergegeben.

Bernhard Diebold

Kleistpreisträger Horváth. Uraufführung von »Geschichten aus dem Wiener Wald« — 1931

[…] Diese banale Geschichte ist der Alltag. Aber der witzige Horváth souffliert dem Alltag die Sprache ohne Walzer-Rhythmus. Man lacht vor so viel trauriger Zoologie. Die Marianne, der Zauberkönig, die Trafikantin und die dämonische Großmutter werden aus ihren Reden zur Figur. Ein neuer Wiener Volks-Mythus ist damit angebahnt. Das Dichterische kommt aus der Konstellation der Bilder. Die Szene mit der blinden Pianistin, das trockene Liebesgespräch an der schönen blauen Donau, des Teufels Großmutter, die mit dem Stock die Kinderwiege stupst – ha, das ist geschaut und gebildert. Ist es aber schon gedichtet? – nein, richtig dramenfertig ist es nicht. Zu viel Idylle gibt sich als »Einlage«, der Witz spielt manchmal über das Bewusstsein der Figuren mit allzu deutlicher Ironie hinweg. Der dritte Teil verbreitert sich ins »Epische«. Aber auch hier noch reden die Menschen gegen die literarischen hochdeutschen Stempel – mit dem Schnabel, der ihnen gewachsen ist. […]

Die Aufführung Hilperts – nicht nur Verkörperung, sondern Mit-Dichtung. Wien lebt in Dur und Moll. Kitsch ist da – und ist entkitschter Kitsch. Das eben will ja Horváth. […]

Erich Kästner

Volksstück mit doppeltem Boden 1931

[…] Horváth schrieb hier ein Wiener Volksstück gegen das Wiener Volksstück. Er übernahm die aus Filmen, Operetten und Dramen bekannten pensionierten Rittmeister, die süßen Mädel, die nichtsnutzigen Hallodri, die familiensüchtigen Kleinbürger; er übernahm den Plüsch, aber er klopfte ihn aus, dass die Motten aufflogen und die zerfressenen Stellen sichtbar wurden. Er zeigte die Vorder- und die Kehrseite der überkommenen Wiener Welt. Er ließ diese Leute ihre Lieder singen, ihren plauschenden Dialekt sprechen, ihre Heurigenlokale trunken durchwandern und zeigte, darüber hinaus, die Faulheit, die Bosheit, die verlogene Frömmigkeit, die Giftigkeit und Borniertheit, die hinter und in jenen marktgängigen Eigenschaften stecken. Er zerstörte nicht nur das überkommene Wiener Figurenpanoptikum, er gestaltete ein neues, echteres außerdem. Er verspottete nicht nur die herkömmliche, landläufige Anschauung; er führte das Theaterpublikum hinter die Fassade. Was bisher als Wesen des Wienertums galt, wurde von Horváth als Getue entlarvt, und hinter den Larven zeigte er die wahren Gesichter! […]

M

Alfred Kerr

Geschichten aus dem Wiener Wald — 1931

I. Eine stärkste Kraft unter den Jungen, Horváth, umspannt hier größere Teile des Lebens als zuvor. In den Stücken von einer Bergbahn, dann von einer schwarzen Reichswehr gab er Wirtschaftliches und Kämpferisches. In der himmlischen »Italienischen Nacht« den besten Zeitspaß dieser Läufte. Jetzt malt er ... ein ganzes Volk. So umspannt er weit mehr als zuvor.

II. Umspannt er es? ... In prachtvollen Einzelheiten sicher. Es wimmelt von kostbaren Stellen. Immerhin: das Wie der Teile bleibt wesentlicher als das Was des Umrisses. (Wie alles zustande kommt, ist köstlich. Was zustande kommt, nicht so.) [...] Ihm liegt somit Episodiges mehr als Geschlossenes.

III. Aber nicht mäkeln und meckern. Er lüpft als Ironiker eine Legende: Kitschlügen um Österreich. Horváth ist ein ehrlicher Kopf mit einem Blick von heut. Einer, der zu uns gehört. Ihn ergötzt jener Unterschied zwischen dem freundlich übertünchten Außen und dem verdammt hintergründigen Inneren.

IV. Und da er kein Spielverderber ist: so malt er auch die lockend-liaben Seiten und die höchst gewinnende Dummheit dieser angenehm Zurückgebliebenen, mit ihren schwätzigen, nichtigen, molleten Alltagssorgen. Und (neben der Schlamperei) die Grausamkeit alles menschlichen Geschicks, die noch auf so triebhaftiges Behagen einer wabbligen Sippe niederfährt.

liab **lieb**

mollet **eigentlich: weich, sanft**

[...]

V. In der Mitte steht ein Mädel. Triebhaft wie alle. Von der Umwelt beeinflusst im Widerstandsschwund. So fliegt sie, statt einen liebenden Schlächtermeister von Verlass zu nehmen, dem ersten Nischtegutts an den Hals. [...]

VI. In der Mitte steht ein Mädel; halb schuldlos, halb arglos in der Welt. Wenn sie dem Ihrigen seinen Ring vor die Füß' geworfen hat, und hernach mit dem Rennplatzlump lebt, einem ausgehaltenen Schmarotzerich ohne Widerstand; er selbst ohne Widerstand gegen sie – was sehr fein ist; und wenn sie ein Kind von ihm kriegt; und wenn sie hernach an ein Nachtlokal mit Nacktstudio vom Freunderl des vordem Ausgehaltenen verschoben wird [...]

VII. So ist, neben solchem Einzelschicksal, wirklich eine ganze Völkerschaft gemalt. Von diesem hochbegabten Menschen, der zwar vielerlei mixt; der Anzengruber heutig fortsetzt und Strindberg österreichisch nachholt [...]

VIII. [...] Er hat vielleicht nur einen Fehler gemacht. Diesen: Dass er den Ironiker Horváth am Schluss, wenn da halb gottselig geredet wird, nicht als Ironiker um ein Körnchen durchgucken lässt. Dass er hier den Standpunkt der Gestalten in Szene setzt: statt auch den Überstandpunkt ihres Dichters. [...]

Carola Neher (Marianne) und Peter Lorre (Alfred) in der Uraufführung am Deutschen Theater in Berlin 1931

M

Alfred Polgar

Geschichten aus dem Wiener Wald — 1931

Wienerisch an den »Geschichten aus dem Wiener Wald« ist außer dem Dialekt, den die Figuren sprechen, die viele Zeit, welche sie haben, und dass sie bei ihrem Tun und Lassen mehr lassen als tun. Deshalb kann häufiger Schauplatz der Vorgänge die Straße sein, wo die dort angesiedelten Geschäftsleute, zum Zweck des Dialogs, öfter draußen vor als drinnen hinter ihrem Laden stehen. Viennophobe mögen auch die Vermanschung von Rohheit und Gutmütigkeit im Inwendigen des vom Dichter beschäftigten komödischen Personals als echtlokalfarben ansehen. Zweifellos wienerisch an den Menschen des Spiels ist ihr, so böse wie gut gesehenes, Gegeneinander – Miteinander, ihre Eintracht auf Basis boshafter Geringschätzung, ihre enge, liebevolle Verbundenheit durch den Kitt wechselseitiger Missachtung. Was sich sonst im Stück begibt, könnte auch anderswo als im österreichischen Seelen-Klima vorkommen, Geschlechts- und Geldgier sprechen in jeder Mundart ziemlich denselben Text, dass der Mensch aus Gemeinem gemacht ist, ist keine Besonderheit der wienerischen Küche, und im skurrilen Affentanz dreht sich das Leben nicht nur nach der Musik von Johann Strauß.

Viennophobe **Leute, die Angst vor Wien haben**

[…] Das ganze, bizarre Spiel ist von einer eiskalten Witzigkeit, in der auch das bisschen warmer Atem, das gelegentlich eine oder die andere Figur von sich gibt, sofort als frostiger Dampf niederschlägt. […]

Hellmuth Karasek

Heurigen-Kälte

1971

Ödön von Horváths »Geschichten aus dem Wiener Wald« lassen sich von verschiedenen Seiten her angehen. Einmal ist dieses »Volksstück« aus den dreißiger Jahren die perfekte Entlarvung des Operetten-Klischees vom singenden, klingenden, walzerseligen Wien, das bekanntlich ein goldenes Herz hat und sein Mutterl liebt. In dieses Klischee, so zeigt Horváth, hatten sich seine depravierten Kleinbürger zurückgezogen, um ihre Kläglichkeit und ihre durch die Verhältnisse bedingten Gemeinheiten überleben zu können.

depraviert **minderwertig, verdorben**

Das ist sicher der wichtigste Zug dieses einzigartigen Stücks. Doch wenn man das Stück von der weiblichen Hauptfigur, der Marianne, angeht, die hier unter die Räder einer erbarmungslosen Gemütlichkeit kommt, dann wird man auch sagen können, dass Horváth Schnitzlers »Süßes Mädel« in die Inflationszeit übergeführt hat. Es ist gar keine Übersteigerung, zu sagen, dass man in der Marianne Horváths Gretchen erblicken kann. Ihr Schicksal ist nur ganz und gar unfaustisch darauf ausgerichtet, dass ihr all das genommen und ausgetrieben wird, was sie unter all diesen gemütlichen Ungetümen zum Menschen macht. Tragödien enden nicht mit dem Tod, sondern mit der Eingemeindung in die kalte Warmherzigkeit der Gesellschaft.

Es ist klar, dass Horváth nicht mit einer stimmungsmalenden Sentimentalität beizukommen ist. Diese Erkenntnis verdanken wir nicht zuletzt den musterhaften Inszenierungen Hans Hollmanns, also der Stuttgarter »Italienischen Nacht« und »Kasimir und Karolie« in Basel. An der Düsseldorfer Inszenierung der »Geschichten aus dem Wiener Wald«, die mit ihren geduldigen vier Stunden sich in die Nichtdenkpausen der Personen versenkte, weil sie »das Abgründige« in sich zu entdecken meinen, ließ sich ablesen, wie weit Hollmann inzwischen seine Horváth-Bühne als Ausstellungspark von in Kunst überführter Menschenzoologie versteht. Thomas Richter-Forgachs Bühnenbild, das die Donau in Aquarien filterte und den Walzerkönig als Denkmal gleich mehrfach auf die Bühne postierte, schuf den Raum, in dem sich Hollmanns Fähigkeit, den Figuren mit großen dekouvrierenden Theatergesten Mittel einer scharfen Charakterisierung an die Hand zu geben, auf das Glänzendste entwickeln konnte. Aus der Vorliebe des Horváth'schen Fleischhauers Oskar (Wolfgang Reinbacher), Personen zur Fotografie eines kitschigen Stimmungsbildes gerinnen zu lassen, gewann die Aufführung [...] eindringliche Bilder geronnener Zeit und gefrorener Posen der Gefühlsduselei und Gemeinheit, der Heurigenseligkeit und Brutalität, des sentimental drapierten Egoismus.

dekouvrierend **entlarvend**

Das Klischee als soziale Verhaltensnorm konnte damit perfekt entlarvt werden. Aber wie gesagt, Horváths Stück ist auch ein Stück der Marianne. Und wenn Hollmann im ersten Teil auch ihre Gefühle in pure Klemmädchen-Stimmungsduselei trieb, dann schien mir die Aufführung dabei zu übersehen, dass Horváth gerade der Sentimentalitäten dieses Mädchens den Gehalt der Wahrheit gibt. [...] Veronika Bayers Marianne war hier ebenso wie die anderen Figuren eigentlich nur einem mitleidlosen Durchschauen ausgesetzt. Hollmanns Stil schien dann in einer zeitlupenhaften, gestochenen Vorführung von Horváths Basiliskenblick für das Banale, Schäbige, Böse einzufrieren. Das Stück wurde misanthropisch, was es auch ist, wenn man die Menschen stärker für die Verhältnisse als die Verhältnisse für die Menschen verantwortlich macht.

Basiliskenblick **böser, stechender Blick (Basilisk: echsenhaftes Fabeltier)**

Henning Rischbieter

Der überrealistische Horváth ______________ 1972

Die »marxistische« Textfassung

Ihr Grundwiderspruch (ihre Spannweite, könnte man auch sagen) besteht zwischen Textfassung und szenischer Bildlichkeit. Grob gesprochen: Die Textfassung ist marxistisch, die Inszenierung surrealistisch. Die Textfassung knüpft an das Horváth'sche Roman-Exposé »Der Mittelstand« an […]. Denn dieses Exposé zeigt am konzentriertesten in Horváths Werk dessen gesellschaftlichen Scharfblick: sein intuitives, von sinnlichen Details strotzendes Verständnis für den geschichtlichen Prozess, der als Zerfallsprodukt des Frühkapitalismus den kleinen, gewerbetreibenden Mittelstand, als Wucherungserscheinung des Spätkapitalismus den neuen, angestellten Mittelstand hervorbringt – welche beiden Kleinbürger-Gruppen in verschiedenen Verbindungen und Überlagerungen Horváths Hauptpersonal bilden und dessen depraviertes und ressentimentgeladenes Bewusstsein er zu seiner ohnmächtig-uneigentlichen Sprache bringt. […]

Exposé **Zusammenfassung; Plan, Skizze**

»Surrealistische« szenische Fantasie

[…] Herrmanns Spielraum: Die Zuschauer sitzen in Logenabteilungen, die durch eine heruntergezogene, mit Wolken bemalte obere Abgrenzung und eine untere Balustrade sozusagen in Voyeurs-Separees verwandelt sind, beleuchtet in den Pausen von befransten Lampenschirmen. Von allen Seiten blicken sie in den großen rechteckigen Spielraum, der zusätzlich an jeder der vier Seiten noch – wiederum rechteckig – ausgeweitet ist: an den beiden Schmalseiten liegen – weit voneinander entfernt – einander gegenüber das zweistöckige Haus des Zauberkönigs (Eisengerüst, behängt und besetzt mit Tand und Trödel) und die Wohnung von Alfreds Mutter und Großmutter in der Wachau: ein Environment aus aufgeplatztem Sofa, riesigem roten Inlett, hervorquellendem Hausrat, dahinter unter einem meterhohen Plexiglassturz die Ruine, die Aussicht und Fernsicht für Touristen bietet und die beiden Frauen ernährt. An den Längsseiten: eine Nische, in die Wasser gemalt ist, und gegenüber, einen Meter abgesenkt, der Billardtisch für die dialogisierenden Spießer. Die große Spielfläche in der Mitte ist uneben, parkettiert oder mit Grasteppich oder mit Plastikpflasterung versehen, inmitten trichterartige Vertiefungen und Schlupflöcher, durch die Auf- und Abtritte möglich sind. […]

Inszenierung von Klaus-Michael Grüber, Schaubühne Berlin, 1972

Scharf geschnittene Figuren

[…] Es tritt aber nicht ein, was bei Übersteigerungen zu befürchten ist: Denunziation. Denn schon hier macht sich ein Prinzip der Aufführung (des Regisseurs?) bemerkbar: Bei aller lang und rückhaltlos vorgeführten Schreckenskomik von Situationen und Figuren ist nicht deren Verwerfung gemeint, auch nicht ihre überhebliche Vorführung als Material soziologischer und politischer Demonstration, sondern die Teilnahme an ihrer Miesigkeit, Hinfälligkeit und Süchtigkeit. Indem diese Figuren gemein und grotesk zappeln, wollen sie ja eigentlich aus sich heraus, von sich weg, in eine andere, bessere Zukunft. Bestimmte Momente der Aufführung haben einen utopischen Zug. Er ist die eigentliche Rechtfertigung der Übersteigerung ins Fantastische.

Die proletarische Marianne
Vom Exzessiv-Stilisierten fast ausgenommen ist allerdings die Marianne. Jutta Lampe […] ist völlig anders als frühere Darstellerinnen der Marianne. Der schwärmerische Zug, das verkitschte Streben nach dem Höheren, Seelischen geht ihr ab. Sie ist ein eher nüchternes, banales, fest auf den Füßen stehendes Mädchen, sie kann verbockt, heftig, kalt sein. Sie spricht und blickt mit einer geradezu proletarischen, unsentimentalen Direktheit und Klarheit. Sie grault sich vor Oskar, und während des Wienerwald-Verlobungspicknicks verliebt sie sich in Alfred: Die Liebesszene nach dem Bad in der Donau wird von ihr als ein – das altmodische Wort muss her – Gefühlssturm gespielt: »Du, du, du, du …« umschlingt sie Alfreds nackten Oberkörper. […]

M

Fantasmagorie: »Magazin des Glücks«

[…] Vollends auf den Stücktext verzichtet die folgende Szene. Statt des Nachtlokals Maxim (und der Kolportage-Handlung mit Mariannes Notdiebstahl an einem betrunkenen Austroamerikaner) nimmt die Schaubühnenaufführung einen Satz aus Horváths Revue-Entwurf »Magazin des Glück« auf: »Das Magazin des Glücks sollte im kleinen der Menschheit das bieten und ersetzen, was sie auf dieser Welt ersehnte und erwünschte.«

Vier nackte Mädchen erfüllen den ins Paradies der unterbewussten Wunscherfüllung versetzten Hauptfiguren […] deren Träume: Der Student Erich ersteigt mit markerschütterndem Siegergebrüll als Alpinist die Ruine in der Wachau, im Plexiglassturz schneit es dazu. Die Trafikantin Valerie wälzt sich auf einem Bett mit Männerköpfen, der Rittmeister wird aus seinem Schoßrock geknöpft und als halb nackter Westernheld ausstaffiert, der Zauberkönig kriecht in seliger Geilheit einem der nackten Mädchen in den Schoß – es ist Marianne.

schlagflüssig **nach einem Schlaganfall**

Der lang ausgehaltene Wunschtraum bricht zusammen, den Zauberkönig trifft der Schlag. Er wird vor seinem Haus aufgebahrt, lallt in der Schlussszene schlagflüssig. Zu seinen Füßen sitzt Oskar mit der Mandoline, singt in einer unverständlichen Sprache lang hingezogene, afro-asiatisch wirkende Demuts- und Klagelieder. Nur Marianne nimmt an dieser leicht überglänzten Entrücktheit nicht teil: Mit knapper, gelassener, kalter Deutlichkeit meldet sie sich beim Vater als die gefallene Tochter, die Geld braucht. Oskar bemächtigt sich ihrer. […]

Inszenierung von Jürgen Flimm, Thalia Theater, Hamburg 1973

Mechthild Lange

Gemeinheiten im Wiener Wald ______________ 1973

[…] Flimm geht das Stück sehr langsam an, lässt sich viel Zeit, zerlegt die Szenen in Einzelaufnahmen, insistiert auf Wiederholungen – der Auftritt des Rittmeisters in der Straße im 8. Bezirk vollzieht sich jedes Mal auf die gleiche Weise, jedes Mal endet diese Szene mit dem Hüpfspiel der kleinen Ida. Momente, in denen sich das Kitschbedürfnis der Personen besonders deutlich artikuliert, werden zu starren Posen eingefroren. Das alles signalisiert die Unmöglichkeit, sich vorgeprägten Verhaltensweisen zu entziehen, die Unveränderlichkeit der Zustände. […]

Flimm geht es weniger darum, persönliches So-Sein herauszuschälen, als Verhaltensmuster vorzuführen. Diese Verhaltensmuster sind festgesetzt. Wenn Valerie und Oscar in ein Triumphgeschrei über das Scheitern der Verbindung Marianne – Alfred ausbrechen, tun sie es im gleichen Tonfall auf die gleiche Weise. Individuelle Äußerung wird erstickt, individuelles Verhalten durch die Gesellschaft, in der man lebt, eingeengt. Die Stellung, die jeder einnimmt, bestimmt sein Tun. Das wird wieder ganz direkt ins Szenische übertragen.

Die einzige wirklich menschliche Figur in dieser Aufführung ist Marianne. Vera Bores legt die Rolle von Anfang an auf einen Ton durchaus vernünftiger Selbstbewahrung an. Marianne versucht den Verhältnissen, in denen sie hineingeboren ist, und der Zukunft, die ihr vom Vater vorbestimmt wurde, zu entgehen. Oscar (Dieter Kirchlechner) ist ihr ganz deutlich physisch widerlich, und ihre Verbindung zu Alfred ist ein echter, wenn auch illusionistisch verklärter Ausbruchsversuch und keineswegs auf eine verkitschte Vorstellung von romanhaftem Erleben zurückzuführen. [...]

Peter Iden

[...] ein Todestanz 1975

[...] Der für dieses Projekt als Berater engagierte Schweizer Herbert Gamper hat der Arbeit der Regie den Grund gelegt. Gampers genaue, sorgfältigste Analyse des Stücks füllt fast ein ganzes Programmbuch. Sie entdeckt das Volksstück als ein bis in die kleinsten szenischen Partikel durchkomponiertes Geflecht symbolischer Zeichen, die alle aufeinander bezogen sind und alle auf einen zentralen Punkt hinlenken: auf das Motiv von Sterben und Tod. Gamper liest und Zankl inszeniert das Drama Horváths also nicht nur als den Alptraum und die Groteske, die Klaus Michael Grüber (1972 an der Berliner »Schaubühne«) daran sichtbar machte, sondern ausdrücklich als Todestanz.

Inszenierung von Horst Zankl, Stuttgart 1975

Das ist ein ausschließendes Konzept: Es entzieht dem Stück, was darin – vor allem in den Wiener Aufführungen Otto Schenks, aber auch bei Hans Hollmann – an Illusionsentfaltung und farbiger Milieu-Schilderung (Picknick an der Donau, Heurigen-Szenen) möglich schien. Dieser Entzug ist zunächst an den Räumen des Bühnenbildes von Hans Kleber abzulesen. So führt der Besuch Alfreds bei der Großmutter in der Wachau, mit dem das Stück beginnt, nicht eine ländliche Idylle vor Augen, sondern einen schmutzig-braunen Hügel, die Großmutter haust in einem Erdloch, aus dem sie herausklettert wie aus einem Grab, ein archaisches Unwesen, an das Alfred in einer zwanghaften, psychisch bestimmten Beziehung gefesselt ist, einer traumatischen Bindung, durch frühkindliche Erfahrungen (auch erotisch) geprägt. Zugleich ist mit diesem ersten Bild das Motiv des Grabes vorgegeben: als Fluchtpunkt aller folgenden Bewegungen wird diese Wachau im Hintergrund immer präsent gehalten.

Andere größere Gräber schieben sich später davor. Die Szene der platzenden Verlobung an der Donau, wenn Marianne ausbricht aus der verordneten Verbindung mit dem Metzger Oskar, all ihre Hoffnung auf Alfred wirft, ereignet sich in einem hallenartigen Innenraum, in ein krankes gelbes Licht getaucht, wie nachher die Heurigen-Szene in Töne eines fauligen Grüns. Das sind alles Kammern wie in Grüften. Die Menschen darin – aussichtslos vor dem Tod.

Diesen erstaunlichen Bildwerten, die jedem Anflug von Lebendigkeit die Perspektive tödlichen Zerfalls entgegenhalten (Bilder, deren Klima an das von Collagen des Joseph Beuys erinnert), entsprechen ähnlich symbolische Arrangements in der Führung der Schauspieler. Wenn wir Marianne kennenlernen, schmückt sie ein Skelett im Schaufenster des väterlichen Ladens. Und Oskar steht vor seiner Metzgerei oft starr neben dem gleichen Skelett, wie dessen noch lebendiger Bruder. Indem sie Oskar flieht, weicht Marianne nicht dem Mann aus, den sie nicht will, sondern dem Tod. Und nicht dieser Mann zwingt sie am Ende, seine Frau zu werden, sondern der Tod schleppt das Mädchen ab. Oskars Drohung: »Du wirst meiner Liebe nicht entgehen«, erklärt sich so als Ausdruck der Gewalt des Todes über das Leben.

Zankl und Gamper verfolgen diese Symbolik, die sie bei Horváth vielfach belegt finden, bis in die Konsequenz einer Besetzung, die den Darsteller des Vaters (Hans-Helmut Dickow) auch jene geheimnisvolle Baronin spielen lässt, durch die Marianne an einen Nachtklub verkauft wird. Das will sagen: Oskar, der Vater, die Baronin – alles Ersatzfiguren für den Tod. [...]

Stefanie Carp

Christoph Marthaler inszeniert Ödön von Horváth — 2006

»Man lacht vor so viel trauriger Zoologie«, schrieb ein Kritiker nach Uraufführung der »Geschichten aus dem Wiener Wald« in Berlin 1931. Geschichten von Deklassierten, von abgestürztem Mittelstand, von Menschen im sozialen Niemandsland mit starker Familienideologie. Ödön von Horváth schrieb von diesen traurig-komischen Überlebensversuchen Ende der 20er Jahre, einer Zeit der großen Wirtschaftskrise, der Verarmung, in der viele nach dem Ersten Weltkrieg sozial funktionslos und überflüssig Gewordene ein Wählerpotential der Nazis bildeten. Die sozialen Phänomene der 20er Jahre sind erstaunlich aktuell. Horváth schrieb dieses Stück zwischen Berlin und Wien. Wienerisch an seinen Figuren ist außer dem Wiener Idiom vor allen Dingen die Zeit, die sie haben oder sich lassen, ihr Fatalismus, ihre Gelassenheit, und dass sie ohnehin lieber lassen als tun. Man sollte dieses gegen das Wiener Volksstückgenre geschriebene Volksstück zwischen den Orten und zwischen den Zeiten lassen.

Anna Viebrock hat für Christoph Marthalers Inszenierung an der Volksbühne einen dementsprechenden Raum erfunden: Ein Hof in Marzahn, eine geschlossene Berliner Gaststätte und der geöffnete Eingang ins Wiener Belaria Kino, wo die alten Leute sitzen und immer nur die Filme aus der Vergangenheit laufen, in denen die Rittmeister vorkommen aus einem Leben, das es auch Ende der 20er Jahre in Wien gar nicht mehr gab. Auch im heutigen Berlin wird ja gerne an früher gedacht mit Verklärung, und egal, ob damit für die einen eine geträumte DDR und für andere ein nie erlebtes Preußen gemeint sind: man flüchtet, weil man sich in der Gegenwart nicht zu Hause fühlt, weil man Angst hat und weil man immer nicht richtig dabei sein kann beim Leben. In Horváths anderem großen Volksstück »Kasimir und Karoline« sehnen sich die Menschen nach der Zukunft, nach Zeppelinen, Achterbahnen, Vergnügungsindustrien, die ferne Länder imaginieren, im »Wiener Wald« sehnen sie sich nach nicht weniger imaginären Vergangenheiten: Vor allem nach einem Heimatgedanken, kulturellen Werten und Religion.

Das Wort »Wien« könnte man immer durch Heimat und Heimatgedanken ersetzen, fast wörtlich in den heutigen NPD-Manifesten nachzulesen. Im Grunde sehnen sie sich nach dem Tod, ohne es zu wissen, wobei sie aber viel trinken, vögeln oder davon reden, uneigentlichen Verdrängungskitt von sich geben, sich benebeln, moralisieren und ein kleines Kind umbringen. Sie sind beschränkte Menschen, die sich deshalb an alle Gegebenheiten irgendwie anpassen, sich abfinden, klug zu sein glauben. »Nichts gibt so sehr das Gefühl der Unendlichkeit wie die menschliche Dummheit« hat Horváth über sein Stück geschrieben. Die Dummheit, die uns immer wieder daran hindert, unsere Lage einzuschätzen. Im Selbstbetrug lässt es sich aushalten – vorübergehend. Man kann sogar einen diffusen Gemeinsinn akklamieren, indem man jeden andern als möglichen Konkurrenten wegwünschen muss. »Die verwirrten Sätze seiner Personen erschrecken mich; die Modelle der Bösartigkeit, der Hilflosigkeit, der Verwirrung in einer bestimmten Gesellschaft ...« schrieb 1968 Peter Handke über Horváth, den er lieber mochte als Brecht. »... ihre Eintracht auf Basis boshafter Geringschätzung, ihre enge, liebevolle Verbundenheit durch den Kitt wechselseitiger Missachtung.«

Bettina Stucky (Marianne) und Stefan Kurt (Alfred)

Inszenierung von Christoph Marthaler an der Volksbühne Berlin, 2006

M

Franz Wille

Marthalers Horváth-Technik 2007

Christoph Marthaler entwickelt bedrohliche Routine. Bereits in »Kasimir und Karoline« (Deutsches Schauspielhaus Hamburg) und »Zur Schönen Aussicht« (Salzburger Festspiele 2001) hat er seine ausgefeilte Horváth-Technik entwickelt, die im Kern auf der bestialischen Ankündigung des Fleischhauers Oskar beruht, seine Zukünftige werde seiner Liebe nicht entgehen. Marthaler und seine Schauspieler halten sich dran: Sie zeigen die handelnden Personen von ihren denkbar schlechtesten Seiten – und umarmen sie dafür nur umso gründlicher. Was im Fall der »Geschichten aus dem Wiener Wald« selbst für Spezialisten nicht so einfach ist und gelegentlich rücksichtslosen Komikeinsatz fordert.

Zum Beispiel der »Zauberkönig«, ein Witwer mit einem Spielzeugladen, der seine Tochter wie einen Dienstboten behandelt und zwecks Zukunftssicherung mit dem einigermaßen wohlhabenden Fleischer nebenan verheiraten will. Josef Ostendorf zementiert ihn mit eindrucksvollem Lebendgewicht auf die Bühne und erspart ihm weder das süßlich sentimentale Lächeln noch die federnde Brutalität, nicht die Lust am dumpfen Hocken und der zentnerschweren Rücksichtslosigkeit. Aber selbst dieser widerwärtige Koloss kann sich mit Tochter Marianne großkindlich an seinen debilen Scherzartikeln erfreuen.

Oder Oskar, der Traum von einem Schwiegersohn, Ueli Jäggi hängt akrobatisch verzogen in seinem senfgelben Lieblingsanzug und legt die gleichfarbige Sonnenbrille nur ungern ab. Das Gesicht in verwelkten Gram gefaltet, den schlaffen Bauch über den Gürtel gedrückt, wächst er aus sich heraus, als es ans Fotografieren geht: Da explodiert die zerdruckste Muffigkeit in ein Bodenturnen der Motivsuche, ein schwereloses Biegen, Dehnen und Springen aus unhaltbaren Kameraperspektiven. Stefan Kurt wiederum trantütet seinen hochwasserhosenstolzen Gelegenheitszocker und Aushilfskellner Alfred vor jede gerade zuhandene weibliche Brust und lässt den glasigen Blick so vieldeutig vor Langeweile zerfließen, dass die angesprochenen Damen es auch für Begierde halten könnten.

Nicht mal Marianne, bei Horváth die missbrauchte Heilige, entgeht ihrem Regisseur. Sie steht bei Bettina Stucky auf zwei äußerst stabilen Beinen, darf auch einen ergreifenden Mitleidsmonolog vortragen und ist doch die kleine Diebin im Maxim, für die sie der amerikanische Mister hält. Was im Stück nur eine Denunziation ist, hat hier im geklauten Schein gut sichtbaren Grund. Nur keine moralische Unanfechtbarkeit durchgehen lassen: In dieser Inszenierung kommt jeder auf seinen Hund, bei Valerie darf es auch ein Liebhaber sein. [...]

Der unverbesserliche Konservative

Wie immer bei Christoph Marthaler schwelgen auch die »Geschichten aus dem Wiener Wald« in Zeitschleifen, Walzern, Wiener Liedern und Refrains – gesungen, gesummt und gepfiffen –, zelebrieren das Vergessen der Uhren im Verschwimmen von Tönen und Alkohol, nehmen Auszeiten an der Donau oder in der Wachau, wo der Wein oder die Liebe oder die Sonne gerade scheinen, und scheren sich oft wenig um den weiteren Handlungsgang. Horváths historisches Personal wird zu übergreifenden Stillstandsexistenzen des letzten Jahrhunderts erweitert, denen der Regisseur nicht einmal besonders tief in die alltagsgemeinen Seelen blicken muss, man sieht auch obenhin genug.

Dabei lässt Marthaler keinen Zweifel aufkommen, dass er einer von ihnen ist: Er hat sie schon immer so inszeniert, er wird es auch weiter tun. Jeglichen Fortschrittsgedanken hat er bereits vor bald anderthalb Jahrzehnten buchstabenweise von der Wand blättern lassen (»Murx den Europäer«), und die Premierenkritiker, welche am Tag danach urteilten, dieser »Wiener Wald« sei doch nichts Neues und manches davon hätte man bei Marthaler schon besser oder nur etwas anders gesehen – also fast alle –, dürfen sich in diese Horváth-Welt eingemeindet und gut aufgehoben fühlen: Darum geht es ja gerade!

Die pessimistisch-konservativen Konsequenzen dieses künstlerischen Tuns und Lassens muss man sich klar vor Augen führen: Marthalers Welt ist zurückgeworfen auf eine allgemeinmenschliche Niedertracht, die unausrottbar bleibt und deshalb von keinem kritischen Programm gesellschaftlicher oder theatralischer Art erreichbar wäre. Sie alle sind [...] besserungsresistente Egoisten, die sich nach ein bisschen Autonomie oder einem sicheren Auskommen oder einer krisensicheren Trafik sehnen auf Kosten der anderen und damit nicht weit kommen. Jeder wäre so gerne ein denkender, handelnder und vor allem selbständiger Mensch – und bleibt doch nur ein armes Schwein.

Ihre offensichtlichen Lügen und die nachlässig kaschierte Gemeinheit sind der dünne, zähe Lack, der Schlimmeres verhindert. Bloß nicht dran kratzen, hinterfragen, kritisieren oder dekonstruieren. Und schon gar nicht entlarven! Könnte übel enden. »Zivilisation« nach Horváth, Marthaler und Viebrock heißt, dass es am besten immer so weitergeht, damit sich die Wiener und anderen Menschen nicht in einer längst fälligen Gewaltorgie gegenseitig ausrotten. [...]

Verfilmung

Ödön von Horváths Stück »Geschichten aus dem Wiener Wald« wurde 1979 in der Regie von Maximilian Schell u. a. mit Birgit Doll (Marianne), Hanno Pöschl (Alfred), Helmut Qualtinger (Zauberkönig) und Jane Tilden (Valerie) verfilmt. Bereits 1961 wurde das Stück unter der Regie von Erich Neuberg für das österreichische Fernsehen (ORF) adaptiert. Mitwirkende waren u. a. Johanna Matz (Marianne), Walter Kohut (Alfred), Hans Moser (Zauberkönig), Jane Tilden (ebenfalls als Valerie!) und Helmut Qualtinger als Oskar. Des Weiteren gab es 1964 eine Aufzeichnung des Bayerischen Rundfunks aus dem Züricher Schauspielhaus und zuletzt 1999 einen Fernsehfilm nach einer Aufführung am Thalia Theater in Hamburg. Der Film »G`schichten aus dem Wienerwald« aus dem Jahr 1934 benutzt zwar den Titel des Walzers von Johann Strauß, hat aber mit Horváths Stück nichts tu tun.

Dieter Wunderlich

Zu Maximilian Schells »Geschichten aus dem Wiener Wald« — 2006

Bei seiner gelungenen Verfilmung des 1931 uraufgeführten Volksstücks »Geschichten aus dem Wiener Wald« von Ödön von Horváth hat Maximilian Schell sich eng an die Vorlage gehalten und Dialoge teilweise wörtlich übernommen. Allerdings beginnt der Film nicht in der Wachau wie das Theaterstück, sondern vor einer von Wanderkomödianten in Wien aufgestellten Bühne. Auf dem Vorhang steht »Geschichten aus dem Wienerwald« von Ödön von Horváth. (Der Titel ist falsch geschrieben; es muss heißen: »Geschichten aus dem Wiener Wald«.) Ein Komödiant (André Heller) albert vor den Zuschauern herum und läuft dann einem Mann aus dem

Publikum nach, der gelangweilt fortgeht. Als die Kamera dem Mann mit einem Schwenk folgt, werden im Vordergrund leere Notenständer sichtbar. An dieser Stelle wurde also gerade erst ein Musikstück aufgeführt. – Nach diesem Vorspann befinden wir uns in der Straße vor Oskars Metzgerei, der Spielwarenhandlung des »Zauberkönigs« und Valeries Tabak-Trafik, und die eigentliche Handlung beginnt.

Marianne (Birgit Doll) und Oskar (Götz Kauffmann)

Marianne wächst in einer patriarchalischen Umgebung auf. Ihr Vater – der »Zauberkönig« – erwartet, dass sie ihm gehorcht, ihm wie eine Dienstmagd die Sockenhalter sucht und den Mann heiratet, den er aus wirtschaftlichen Gründen für sie ausgesucht hat. Wenn die Frau einmal finanziell unabhängig vom Mann wäre, sei das der letzte Schritt zum Bolschewismus, behauptet der Zauberkönig. Sie versucht, aus der Bevormundung durch ihren Vater auszubrechen und die Fremdbestimmung in der Ehe zu vermeiden. An der Seite Alfreds glaubt sie, sich selbst verwirklichen zu können. Aber der naive Emanzipationsversuch scheitert. Allerdings beweisen Valerie und Alfreds Großmutter, dass es Frauen durchaus gelingen kann, sich in diesem patriarchalischen Milieu zu behaupten.

Bei dem bornierten Geistlichen in der katholischen Kirche findet Marianne weder Mitleid noch Verständnis.

Marianne (Birgit Doll) und Alfred (Hanno Pöschl)

Zauberkönig (Helmut Qualtinger)

Die Kleinbürger, um die es in »Geschichten aus dem Wiener Wald« geht, kommunizieren vor allem durch Floskeln miteinander. Mit ihrer biederen Heuchelei versuchen sie, ihren Egoismus und ihren Materialismus zu verbergen. Auf der »Jagd nach dem Glück« – so der Titel eines der »lebenden Bilder« auf der Bühne des »Maxim« – treten sie sich gegenseitig nieder. Am Schluss ist eigentlich alles wieder so wie zu Beginn.

Valerie (Jane Tilden) und Zauberkönig (Helmut Qualtinger)

»Geschichten aus dem Wiener Wald« ist eine bitterböse, tragikomische Gesellschaftssatire, die Maximilian Schell mit erstklassigen Schauspielern fürs Kino adaptiert hat. Einige der sorgfältig komponierten Bilder – Szenen am Ufer der Donau und in der Wachau – wirken wie Gemälde.

Alfred (Hanno Pöschl) und Hierlinger (André Heller)

Arbeitsanregungen

M

1. Versuchen Sie, dem Ausschnitt aus der Rezension zu entnehmen, wie deren jeweiliger Autor die Inszenierung kritisiert bzw. bewertet.

2. Bestimmen Sie, nach welchen Kriterien der Rezensent vorgeht.

3. Vergleichen Sie die Interpretation, die der Regisseur mit seiner Inszenierung umgesetzt hat. Überlegen Sie, wie weit die Rezension Ihrer eigenen Interpretation des Horváth'schen Stückes entspricht.

4. Entnehmen Sie (wenn möglich), wie weit das Bühnenbild zur Interpretation des Stückes in der jeweiligen Inszenierung beigetragen hat.

5. Wie lassen die einzelnen Regisseure die Figuren sprechen?

6. Wie deuten Sie die Gestalt der Marianne?

7. Wie weit weichen die einzelnen Aufführungen vom Text ab? Was fügen die Regisseure ein? Nehmen Sie Stellung zu diesen »Eingriffen« in das Stück.

8. Welche Änderungen hat Maximilian Schell in seiner Verfilmung an der Horváth-Vorlage vorgenommen? Nehmen Sie zu diesen Änderungen Stellung.

9. Was halten Sie von dem »Vorspann« in dem Film?

Textquellen

Adorno, Theodor W.: Reflexion über das Volksstück. Zit. nach: Theodor W. Adorno: Gesammelte Schriften Bd. 11. Frankfurt a. M.: Suhrkamp, 1974. S. 693 f.

Brecht, Bertolt: Anmerkungen zum Volksstück, zit. nach: Bertolt Brecht: Gesammelte Werke, Bd. 17. Frankfurt a. M.: Suhrkamp, 1967. S. 1162.

Carp, Stefanie: Christoph Marthaler inszeniert Ödön von Horváth (Stefanie Carp, 2006, Premiere am 30. November 2006). In: www.volksbuehne-berlin.de/theorie/produktionstexte/geschichten wiener wald/

Diebold, Bernhard: Kleistpreisträger Horváth. Uraufführung von »Geschichten aus dem Wiener Wald«. In: Frankfurter Zeitung, 5. 11. 1931. Zit. nach Traugott Krischke: Horváth auf der Bühne. 1926–1938. Dokumentation. Wien: Verlag der Österreichischen Staatsdruckerei, 1991. S. 172 f. – In: Christine Schmidjell (Hrsg.) Erläuterungen und Dokumente. Ödön von Horváth »Geschichten aus dem Wiener Wald«, Stuttgart: Reclam, 2000. S. 84 f. Alle Rechte beim Thomas Sessler Verlag, Wien.

Geiger, Heinz: Bauelemente szenisch-theatralischer Texte. In: Grundzüge der Literatur- und Sprachwissenschaft Bd. 1, hrsg. von Heinz-Ludwig Arnold. München: Deutscher Taschenbuchverlag, 1973. S. 250–253.

Gernerth, Franz von: An der schönen blauen Donau: www.ingeb.org/Lieder/donausob.html. 23. 09. 2008.

Goltschnigg, Dietmar: Das Sprachklischee und seine Funktion im dramatischen Werk Ödön von Horváths. In: Wirkendes Wort 25/1975. S. 183–193.

Handke, Peter: Totenstille beim Heurigen. Zit. nach: Krischke, Traugott: Materialien zu Ödön von Horváths »Geschichten aus dem Wiener Wald«, ebd., S. 55 f.

Handke, Peter: Horváth und Brecht. In: Ich bin ein Bewohner des Elfenbeinturms (st 56). Frankfurt a. M.: Suhrkamp, 1972. S. 63 f.

Horváth, Ödön von: vorläufige Endfassung: zit. nach: Krischke, Traugott: Materialien zu Ödön von Horváths »Geschichten aus dem Wiener Wald« (edition suhrkamp 533). Frankfurt a. M.: Suhrkamp Verlag, 1972. S. 52.

Horváth, Ödön von: Interview. In: Ödön von Horváth. Gesammelte Werke, Bd. 1. Frankfurt a. M.: Suhrkamp, 1972. S. 11 f.

Horváth, Ödon von: Zum Volksstück [Volksstück, Sprache, Unterbewusstsein], aus: Gebrauchsanweisung. In: Ödön von Horváth: Gesammelte Werke, ebd., Bd. 8. S. 662–664.

Horváth, Ödön von: [Demaskierung des Bewusstseins], aus: Gebrauchsanweisung. In: Ödön von Horváth: Gesammelte Werke, a. a. O., Bd. 8. S. 659–661.

Horváth, Ödön von: Randbemerkungen zu »Glaube Liebe Hoffnung«. In: Ödön von Horváth: Gesammelte Werke, a. a. O., Bd. 1. S. 328.
Horváth, Ödön von: Interview zu »Satire, Parodie und kriminelle Geschehnisse«. In: Ödön von Horváth. Gesammelte Werke, Bd. 1, a. a. O., S. 12–15.
Horváth, Ödön von: Das Märchen vom Fräulein Pollinger. In: Ödön von Horváth: Gesammelte Werke, a. a. O., Bd. 5, S. 75 f.
Iden, Peter: [...] ein Todestanz. In: Frankfurter Rundschau 1. April 1975. Zit. nach: Friedrich Hobek, ebd., S. 91.
Karasek, Hellmuth: Heurigen-Kälte. In: DIE ZEIT, 15. Januar 1971. Zit. nach: Friedrich Hobek: Ödön von Horváth: Geschichten aus dem Wiener Wald. Frankfurt a. M.: Diesterweg, 21999. S. 83.
Kästner, Erich: Volksstück mit doppeltem Boden. In: Neue Leipziger Zeitung, 11. November 1931. Zit. nach: Krischke, Traugott: Horváth auf der Bühne, ebd., S. 184 f. – In: Christine Schmidjell (Hrsg.), ebd., S. 86 f.
Kästner, Erich: Sachliche Romanze. Zit. nach: Stimmen im Kanon. Deutsche Gedichte. Ausgewählt von Ulla Hahn, Stuttgart: Reclam Verlag, 2003. S. 307 f.
Kerr, Alfred: Geschichten aus dem Wiener Wald. In: Berliner Tageblatt 3. November 1931. Zit. nach: Krischke, Traugott: Horváth auf der Bühne, ebd., S. 150–152. – In: Christine Schmidjell (Hrsg.), ebd., S. 88 ff.
Kroetz, Franz Xaver: Brecht und Horváth. In: Franz Xaver Kroetz: Zu Bertolt Brechts 20. Todestag. Kürbiskern 1/1977. München: Damnitz, 1977. S. 91 f. (Ausschnitt).
Lange, Mechthild: Gemeinheiten im Wiener Wald. In: Frankfurter Rundschau, 18. Oktober 1973. Zit. nach: Friedrich Hobek, ebd., S. 87 f.
Marx, Karl/*Engels*, Friedrich: Manifest der Kommunistischen Partei. Zit. nach: Stuttgart: Reclam, 1969. S. 25 f.
Mörike, Eduard: Das verlassene Mägdlein. Zit. nach: Stimmen im Kanon. Deutsche Gedichte. Ausgewählt von Ulla Hahn, Stuttgart: Reclam Verlag, 2003. S. 201.
Polgar, Alfred: Geschichten aus dem Wiener Wald. In: Die Weltbühne (Berlin). 27. Jg. Nr. 46. 17. November 1931. Zit. nach: Krischke, Traugott: Horváth auf der Bühne, ebd., S. 188. – In: Christine Schmidjell (Hrsg.), ebd., S. 91 f.
Rischbieter, Henning: Der überrealistische Horváth. In: Theater heute 9, 1972. Zit. nach: Friedrich Hobek, ebd., S. 84 ff.
Schlösser, Rainer: [Stellungnahme zur Preisverleihung] Völkischer Beobachter 1931. Zitiert nach: Materialien zu Ödön von Horváth, hrsg. von Traugott Krischke. (es 436). Frankfurt a. M.: Suhrkamp, S. 63 f.

Wapnewski, Peter: Ödön von Horváth und seine »Geschichten aus dem Wiener Wald«. Zit. nach: Peter Wapnewski: Zumutungen. Essays zur Literatur des 20. Jahrhunderts, München: Deutscher Taschenbuch Verlag, 1982. S.112–114.

Wille, Franz: Zivilisation ist, wenn man trotzdem lügt. Marthalers Horváth-Technik. In: Theater heute 1/2007. S. 4 ff.

Wunderlich, Dieter: Zu Maximilian Schells »Geschichten aus dem Wiener Wald«. In: http://www.dieterwunderlich.de/Schell wienerwald.htm#cont

Zuckmayer, Carl: [Urteilsbegründung]. Zit. nach: Die Literatur. Berlin, Dezember 1931. In: Helmut Sembdner (Hrsg.): Der Kleistpreis 1912–32. Berlin 1968, S. 121. Zitiert nach: Ödön von Horváth: Leben und Werk in Dokumenten und Bildern. ebd., S. 76. Mit Genehmigung des S. Fischer Verlags, Frankfurt a. M.

Zuckmayer, Carl: Brief an Ödön von Horváth. Abschrift im Privatbesitz. Zitiert nach Ödön von Horváth: Italienische Nacht, Nachwort von Traugott Krischke. Bibliothek Suhrkamp. Band 410. Frankfurt a. M.: Suhrkamp, 1974. S. 152 f. Mit Genehmigung des S. Fischer Verlags, Frankfurt a. M.

Textquellen ohne Verfasserangaben

Biografie von Ödön von Horváth: *www.suhrkamp.de/autoren*

Meyers Lexikon: Geschichte Österreichs: Die erste Republik (1918–1938): http://lexikon.meyers.de/index.php?title=%C3%96sterreich %28%C3%96sterreich%29&oldid=190155

Stichwörter: Wienerisch/Wiener Walzer: *wikipedia 2007*

Bildquellen

Umschlag: MFG Film GmbH, München. © Schell
S. 114, 119, 123: picturedesk.com / ÖNB
S. 115, 116: Österreichische Nationalbibliothek, Wien
S. 118: ullstein bild, Berlin
S. 120: bpk, Berlin
S. 122: Süddeutsche Zeitung Photo, DIZ München / S.M.
S. 163: Originaltitelblatt des Notenheftes von 1848
S. 175: Wiener Männergesangverein / Erich Lebisch
S. 185: Deutsches Theater, Berlin 1931
S. 190: ullstein bild, Berlin / Kneidl
S. 191: Deutsches Theatermuseum, Berlin / Schaubühne Berlin, 1972
S. 193: Universität Hamburg / Hamburger Theatersammlung, Foto: Hans Meyer- Veden
S. 195: Werner Schloske, Stuttgart / Staatstheater Stuttgart 1975
S. 198: dfd images, Hamburg / Oliver Lang / ddp
S. 199: Volksbühne Berlin 2006 / Dorothea Wimmer, Wien
S. 204, 205, 206: Deutsches Filminstitut-DIF e.V., Frankfurt/M. / MfG Film GmbH, München

Anmerkungen

S. 9

Wienerwald westlich und südwestlich von Wien gelegenes hügelig, waldiges Gebiet. Es galt als ein wichtiges Naherholungs- und Ausflugsgebiet für die Bewohner Wiens; Geschichten aus dem Wienerwald ist außerdem ein Walzer-Titel eines Walzers von Johann Strauß. Horváth schreibt beabsichtigt statt »Wienerwald« »Wiener Wald«.

S. 9

Volksstück »Ich gebrauche diese Bezeichnung ›Volksstück‹ nicht willkürlich, d. h. nicht einfach deshalb, weil meine Stücke mehr oder minder bayerisch oder österreichisch betonte Dialektstücke sind, sondern weil mir so etwas Ähnliches, wie die Fortsetzung des alten Volksstückes vorschwebte. [...] Also: zu einem heutigen Volksstück gehören heutige Menschen und mit dieser Feststellung gelangt man zu einem interessanten Resultat: nämlich, will man als Autor wahrhaft gestalten, so muss man der völligen Zersetzung der Dialekte durch den Bildungsjargon Rechnung tragen.« (Gesammelte Werke, Bd. 11, S. 200f.)

S. 9

Nichts gibt so sehr das Gefühl [...] Das Motto stammt von Horváth selbst, es ist kein Zitat, sondern könnte gleichsam als Leitmotiv und Leitmotto über vielen Stücken Horváths stehen.

S. 9

Dummheit »Wie in allen meinen Stücken versuchte ich auch diesmal, möglichst rücksichtslos gegen Dummheit und Lüge zu sein, denn diese Rücksichtslosigkeit dürfte wohl die vornehmste Aufgabe eines schöngeistigen Schriftstellers darstellen, der es sich manchmal einbildet, nur deshalb zu schreiben, damit die Leut sich selbst erkennen.« (Horváth, Bd. 6, S. 12f.).

S. 10

Rittmeister ursprünglich Bezeichnung für den Anführer der Reiterei, dann Führer einer Reiterabteilung; Offizier im Rang eines Hauptmanns bei der Kavallerie.

S. 10

Zauberkönig Figur aus den Zauberpossen und Zauberspielen des 18. u. 19. Jahrhunderts (von Raimund und Nestroy aufgegriffen).

S. 10

Wachau Donautalstrecke zwischen Melk und Krems in Niederösterreich, von Touristen geschätztes Urlaubsgebiet.

S. 11

Klingen und Singen Anspielung auf die das Stück durchziehenden musikalischen »Einlagen«, wobei es sich vor allem um Strauß-Walzer handelt.

S. 11

Johann Strauß Gemeint ist Johann Strauß Sohn (1825–1899); der Walzer »Geschichten aus dem Wienerwald« datiert aus dem Jahr 1868.

S. 11

schöne blaue Donau Anspielung auf den gleichnamigen Walzer »An der schönen blauen Donau« (1867) von Johann Strauß Sohn.

S. 11

Stille Eine für Horváth wichtige Regieanweisung. Er selbst fordert in seiner »Gebrauchsanweisung«: » Bitte achten Sie genau auf die Pausen im Dialog, die ich mit ›Stille‹ bezeichne – hier kämpft das Bewusstsein oder Unterbewusstsein miteinander, und das muss sichtbar werden.«

S. 11

Krise und Wirbel Ende der 1920er Jahre zeigten sich in Österreich innenpolitische und wirtschaftliche Spannungen (u. a. Auswirkungen der Weltwirtschaftskrise von 1929).

S. 11

Hierlinger Ferdinand im Süddeutschen bzw. Österreichischen gebräuchliche Voranstellung des Familiennamens vor dem Vornamen.

S. 12

Herrn von Hierlinger Das »von« hat hier nicht die Bedeutung eines Adelstitels, sondern es ist devote Anrede mit einem spöttisch-ironischen Unterton. Der Schieber Hierlinger gehört ganz klar der Unterschicht an; so wird er auch im Personenverzeichnis als »Der Hierlinger Ferdinand« genannt.

S. 14

hergerichteten Fünfzigerin im Autodress eine Frau, die um die fünfzig Jahre alt ist, die eine für die Fahrt mit dem Auto angemessene Kleidung trägt.

S. 17

Trauermarsch von Chopin 1. Satz der Klaviersonate h-Moll op. 58 von Frédéric Chopin (1810–1849).

S. 18

achter Bezirk Wien war in einzelne Gemeindebezirke eingeteilt. Der 8. Bezirk ist die sog. Josefstadt, ein Wohnbezirk des alteingesessenen Wiener Bürgertums.

S. 18

Puppenklinik Laden mit Puppen, in dem auch Puppen repariert werden.

S. 18

Tabak-Trafik Tabakladen, in dem aber auch Zeitschriften, Briefmarken usw. verkauft werden.

S. 19

Zusammenbruch Zusammenbruch der österreichisch-ungarischen Monarchie nach der Niederlage im Ersten Weltkrieg (1914–1918).

S. 19

Gourmand Vielfraß. Havlitschek meint hier wohl das Gegenteil, den Gourmet (Feinschmecker).

S. 21

Wenn der Krieg nur vierzehn Tage länger gedauert hätt Anspielung auf die »Dolchstoßlegende«, nach der es nicht zur militärischen Niederlage des deutschen Heeres im Ersten Weltkrieg gekommen wäre, wenn nicht durch eine von Pazifisten und Sozialisten verursachte Kriegsmüdigkeit und eine komplottartige Sabotage die deutschen Truppen geschwächt worden wären. Der Feind war nicht der Gegner, sondern die »Heimat« verübte hinterrücks den zur Niederlage führenden (Dolch-)Stoß.

S. 21

Majorspension Der Rittmeister meint, er wäre wohl noch zum Major befördert worden, hätte der Krieg noch einige Zeit gedauert. Damit wäre ihm eine höhere Pension sicher gewesen.

S. 21

Schnurrbartbinde Netz, das nachts über den Schnurrbart gezogen und an den Ohren mit Schlaufen befestigt wird, um so den Bart in Form zu halten.

S. 22

Arbeit schändet nicht nach Hesiods (um 700 v. Chr.) Lehrgedicht »Werke und Tage«.

S. 24

Flor Trauerflor, ein schwarzer, an der Kleidung für alle sichtbar befestigter Stoff zum Zeichen der Trauer.

S. 26

Daumen runter als Zeichen des Publikums im römischen Amphitheater bei Gladiatorenkämpfen, dass der besiegte Gladiator keine Gnade finden solle.

S. 26

Ave Caesar, morituri te salutant »Sei gegrüßt, Caesar, die Todgeweihten grüßen dich.« Gruß der Gladiatoren beim Einzug in die Arena (nach der Überlieferung Suetons).

S. 29

Chimborasso (auch Chimborazo) mit ca. 6300 m höchster Berg der Kordilleren in Ecuador; hier im Sinne von »Das ist der Gipfel!«

S. 31

Bolschewismus Bolschewiken war die von Lenin verwendete Bezeichnung für die Mitglieder des von ihm geführten revolutionären Flügels in der Sowjetdemokratischen Arbeiterpartei Russlands, aus der sich dann die Kommunistische Partei der Sowjetunion entwickelte; hier wird das Wort »Bolschewismus« im Sinne von »Kommunismus« gebraucht.

S. 32

Seelenwanderung Vorstellung, dass sich nach dem Tode die Seele in einen andren Körper oder eine andere Daseinsform begibt.

S. 34

Hochzeitsmarsch aus »Ein Sommernachtstraum«, Musik zu Shakespeares Komödie von Felix Mendelssohn Bartholdy (1809–1847).

S. 36

Jiu-Jitsu waffenlose Selbstverteidigungsform, entwickelt aus der Nahkampftechnik der japanischen Samurai.

S. 39

Der sterbende Schwan gemeint ist ein Solotanz nach der Musik von Camille Saint-Saëns (1835–1921) aus dem »Karneval der Tiere« in der Choreographie von Michail Michailowitsch (1880–1942).

S. 45

Badhur »Badehure«; gemeint sind die Bademägde, die in Badehäusern die Gäste »bedienten«.

S. 50

Das Weib ist ein Rätsel direktes Zitat aus Friedrich Nietzsches (1844–1900) »Also sprach Zarathustra«.

S. 50

Sphinx im griechischen Mythos ein Ungeheuer mit dem Kopf einer Frau und dem Unterleib eines geflügelten Löwen, das jedem, der an ihm vorbeiging, ein Rätsel aufgab; hier also: ein rätselhaftes Wesen.

S. 50

Grafologe jemand, der aus den Schriftzügen einer Person deren Charakter ableitet.

S. 50

achtzehnter Bezirk 18.Wiener Bezirk, der wegen seiner ausgedehnten Grünflächen als Ausflugsziel beliebt war.

S. 51

Buchmacher der staatlich konzessionierte Buchmacher ist die Anlaufstelle für denjenigen, der Wetten auf Pferde beim Pferderennen setzen will.

S. 54

zweiter Bezirk 2. Wiener Bezirk, die sog. Leopoldstadt, eher ein proletarischer Bezirk mit dem berühmten Vergnügungspark »Prater«.

S. 54

Cherchez la femme! bezieht sich auf Männer, die auf der Suche nach der großen Liebe sind.

S. 57

Hiob Figur aus der Bibel. Hiob glaubt auch noch nach schwersten Prüfungen und Versuchungen durch Satan an Gott, der ihn deshalb mit einem hohen Lebensalter belohnt.

S. 60

Handlesen aus der Linienführung der Haut in der Hand den Charakter, das Schicksal bzw. die Zukunft einer Person herauslesen bzw. vorhersagen.

S. 67

Sarajevo Die Ermordung des österreichisch-ungarischen Thronfolgers Erzherzog Franz Ferdinand und seiner Frau 1914 in der bosnischen Stadt war Auslöser für den Ersten Weltkrieg (s. u.).

S. 67

Bosnien-Herzegowina Nach der Annexion durch Österreich-Ungarn gab es Spannungen mit dem serbischen Königsreich; der Erzherzog Franz Ferdinand und seine Frau wurden von dem serbischen Nationalisten Gavrilo Princip 1914 in Sarajevo erschossen (s. o.).

S. 68

satisfaktionsfähig nach dem Ehrenkodex die Berechtigung, in einem Duell Genugtuung für ein Vergehen (Beleidigung oder Kränkung einer Person) zu fordern.

S. 68

Hohenzollern preußisch-deutsches Herrschergeschlecht (1415–1918, Stammburg Zollern bei Hechingen in Schwaben), das ab 1871 den deutschen Kaiser stellte.

S. 68

Habsburger europäische Herrscherdynastie (1273–1918, Stammburg Habichtsburg bei Brugg im Kanton Aargau), stellte viele Könige und Kaiser in dieser Zeit.

S. 72

Todsünde anders als die »lässliche Sünde« ein schweres Vergehen gegen Gott; hier: Mariannes vorehelicher Geschlechtsverkehr.

S. 74

Litanei Gebetsform, in der sich – nach im Wortlaut ändernden Zwischenpassagen – eine immer im Wortlaut gleich bleibende Bitte wiederholt.

S. 74

Bürgerschul An die vierjährige Volksschule schloss sich eine dreijährige Bürgerschule oder der Besuch des Gymnasiums an; die Bürgerschule entspricht der vierjährigen Hauptschule.

S. 75

Heuriger ein Lokal, in dem der junge Wein (Heurige) ausgeschenkt wurde, dann Bezeichnung für typische Wiener Gaststätten.

S. 78

Hofburg großer Gebäudekomplex im Zentrums Wiens, bis 1918 war sie Residenz der Habsburger.

S. 79

Frau Oberst gemeint ist die mit einem Oberst (höchster Dienstgrad der Stabsoffiziere) verheiratete Gattin; der Dienstgrad des Mannes wurde auch bei der Ansprache der Frau mitgenannt.

S. 81

Moulin-bleu Der Name des Vergnügungslokals soll an das berühmte Kabarett und Nachtlokal »Moulin Rouge« auf dem Montmartre in Paris erinnern.

S. 81

Maxim Nachtlokal in Wien; bekannt auch nach dem populären Lied »Da geh' ich ins Maxim« aus der Operette »Die lustige Witwe« von Franz Lehár (1870–1948).

S. 83

Separée abgetrennter Raum innerhalb eines Lokals, um ungesehen und unbeobachtet zu bleiben.

S. 86

Fridericus rex Marsch von Ferdinand Radeck; Text von Willibald Alexis, vertont unter Zuhilfenahme der Melodie des »Hohenfriedberger Marsches«, der Friedrich dem Großen von Preußen zugeschrieben wird.

S. 86

erste Strophe des Deutschlandliedes mit dem ersten Vers »Deutschland, Deutschland über alles«. Das »Deutschlandlied« (1841) mit dem Text von Heinrich Hoffmann von Fallersleben und der Melodie von Joseph Haydn (1732–1809) wurde 1922 zur deutschen Nationalhymne. Die deutsche Nationalhymne besteht seit 1991 ausschließlich aus der dritten Strophe mit dem ersten Vers »Einigkeit und Recht und Freiheit«.

S. 94

Doppeladlermarsch Marsch von Joseph Franz Wagner; der Doppeladler ist das Wahrzeichen des österreichisch-ungarischen Kaisertums.

S. 100

Tschechen Die von Österreich geplante Zollunion mit den Deutschen stieß auf erbitterten Widerstand seitens der Tschechoslowakei, Frankreichs und Italiens.

S. 102

Gang nach Canossa Gang Kaiser Heinrich IV. zum Papst Gregor VII. nach Canossa; durch Unterwerfung versuchte Heinrich, sich von dem über ihn ausgesprochenen Kirchenbann zu lösen; hier: Reue- oder Bußgang.

S. 105

Denn so lang [...] der dunklen Erde Zitat aus Goethes Gedicht »Selige Sehnsucht« aus dem Zyklus »West-östlicher Diwan« (1819/1827).

Moritz Rinke

Republik Vineta

Sechs hochqualifizierte Spezialisten treffen sich in einer alten Villa, um an einem geheimen Projekt zu arbeiten: Sie planen einen neuen, idealen Staat, benannt nach der versunkenen Stadt Vineta, auf einer unbewohnten Insel. An der richtigen Umsetzung dieses »Themenparks der untergegangenen Träume« entzünden sich Machtkämpfe und Rivalitäten. Erst spät enthüllt sich das Treffen als psychologische Maßnahme, in der vom »Outsourcing« betroffene Manager auf ihr reales Leben vorbereitet werden sollen.
Das Stück »Republik Vineta« des 1967 geborenen Dramatikers Moritz Rinke wurde 2001 zum besten deutschsprachigen Bühnenstück gewählt und fasziniert gleichermaßen durch Poesie und Intelligenz.

Republik Vineta
(Textausgabe mit Materialien)
ISBN 978-3-507-47014-9, broschiert, 176 Seiten

Republik Vineta – Arbeitsheft
ISBN 978-3-507-47114-6, geheftet, 32 Seiten

Republik Vineta –
Informationen für Lehrerinnen und Lehrer
ISBN 978-3-507-47214-3, geheftet, 48 Seiten

Friedrich Christian Delius

Der Spaziergang von Rostock nach Syrakus

Einmal in seinem Leben die Grenze überwinden und nach Syrakus auf Sizilien reisen: Dieses Vorhaben des DDR-Bürgers Paul Gompitz aus Rostock wird in Delius' spannender Erzählung geschildert.
Gompitz will wieder zurückkehren, beharrt aber auf seinem Recht auf eine Bildungs- und Pilgerreise auf den Spuren J.G. Seumes, dessen »Spaziergang nach Syrakus im Jahre 1802« er seit Jugendzeiten im Kopf hat.
List und Hartnäckigkeit, mit denen Gompitz seine Reise vorbereitet, werden von Delius so erzählt, dass hinter der amüsanten Geschichte die Tragik von Eingesperrtsein und Überwachung deutlich wird.

Der Spaziergang von Rostock nach Syrakus
(Textausgabe mit Materialien)
ISBN 978-3-507-47012-5, broschiert, 224 Seiten

Der Spaziergang von Rostock nach Syrakus – Arbeitsheft
ISBN 978-3-507-47112-2, geheftet, 32 Seiten

Der Spaziergang von Rostock nach Syrakus –
Informationen für Lehrerinnen und Lehrer
ISBN 978-3-507-47212-9, geheftet, 48 Seiten

In unserer Reihe Texte • **Medien** sind bisher noch folgende **Textausgaben** mit Materialien für die Sekundarstufen I und II erschienen:

Georg Büchner: Dantons Tod (47022)
Georg Büchner: Woyzeck (47028)
Friedrich Christian Delius: Der Spaziergang von Rostock nach Syrakus (47012)
Annette von Droste-Hülshoff: Die Judenbuche (47001)
Theodor Fontane: Irrungen, Wirrungen (47004)
Johann Wolfgang von Goethe: Faust I (inkl. Mini-DVD) (47009)
Gerhart Hauptmann: Bahnwärter Thiel (47025)
E.T.A. Hoffmann: Der Sandmann (47010)
Franz Kafka: Die Verwandlung und andere Erzählungen (47005)
Heinrich von Kleist: Michael Kohlhaas (47027)
Gotthold Ephraim Lessing: Nathan der Weise (47011)
Hans J. Massaquoi: »Neger, Neger, Schornsteinfeger!« (47002)
Moritz Rinke: Republik Vineta (47014)
Friedrich Schiller: Don Karlos (47024)
Friedrich Schiller: Die Räuber (47058)
Arthur Schnitzler: Traumnovelle (47006)
Theodor Storm: Der Schimmelreiter (47059)
Władysław Szpilman: Der Pianist (47023)

Die Anthologien:
Literatur des 20. Jahrhunderts (47000)
Liebe, Tod und Spiel (47007)
Barock: Lyrik (47039)
Märchenreise (47038)

Kinder- und Jugendliteratur:
Hans Joachim Schädlich: Der Sprachabschneider (47003)
Frederik Hetmann/Harald Tondern: Die Rache der Raben (47008)
Paul Maar/Christian Schidlowsky: F.A.U.S.T. Furiose Abenteuer und sonderbare Träume (47013)
Paul Maar/Christian Schidlowsky: Klaras Engel (47029)
Gabriele Maute: Das Gespenst von Canterville (nach Oscar Wilde) (47021)

Die einzelnen Bände werden jeweils durch
– **Arbeitshefte**
– **Informationen für Lehrerinnen und Lehrer** und z. T.
– **mediales Zusatzangebot** ergänzt.

In unserer »**Grünen Reihe**« (64-seitige Arbeitshefte mit Materialien und Arbeitsanregungen zu ausgewählten Lektüren *ohne* den titelgebenden Originaltext) sind bisher erschienen:

Friedrich Dürrenmatt: Der Besuch der alten Dame (47126)
Robert Musil: Die Verwirrungen des Zöglings Törleß (47131)
Christa Wolf: Kassandra (47132)
Auch diese Reihe wird durch **Informationen für Lehrerinnen und Lehrer** ergänzt.

Eine aktuelle Übersicht zu *Ausgaben in Vorbereitung* unter:
www.schroedel.de/textemedien